연결 사회에서의 소통과 공유

이 저서는 2014년 정부(교육부)의 재원으로
한국연구재단의 지원을 받아 수행된
연구입니다(NRF-2014S1A3A2044046).

연결 사회에서의 소통과 공유

황용석, 박선주, 김양은, 박연진, 박태준
변상호, 신동희, 유건식, 이승용, 이제호
정성은, 정승화, 정예림, 최재원, 표나성

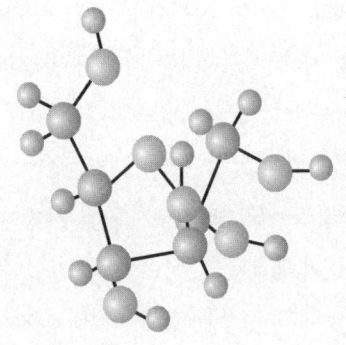

책머리에

디지털기술의 급격한 발전은 사람, 문서, 사물 등 모든 대상간 연결이 강화되는 초연결 사회를 도래시켰다. 연결의 밀도와 복잡성이 커지면서, 연결구조 자체가 새로운 사회시스템으로 기능하는 사회가 도래했다.

초연결성은 디지털기술 발달로 모든 사람과 사물이 네트워크로 연결된 것을 말한다. 이 용어는 애너벨 쿠안하스(Anabel Quan-Haase)와 배리 웰먼(Barry Wellman)에 의해 2005년 논문에서 처음 제기한 개념으로, 네트워크를 통해 사람-사람, 사람-사물, 사물-사물이 통신하여 커뮤니케이션 할 수 있는 상태를 말한다.

초연결성은 센서와 디바이스 등을 연결하기 위한 사물인터넷(IoT, Internet of Things)을 비롯하여 클라우드, 빅데이터 등의 기술이 초연결 사회를 이루는 핵심기술이다. 복잡하게 모든 대상이 상호 연결되는 초연결 사회는 사람, 공간, 사물, 정보가 각각 정보를 상호작용해서 연계가 사람, 사물, 공간 등 모든 것이 인터넷으로 서로 연결되어 정보가 생성, 수집, 공유, 활용되는 초연결사회로 패러다임이 변화중이다.

이러한 초연결성은 기존과 다른 사회서비스를 만들어내고 이를 통해 새로운 문화와 가치를 형성해 나가는 기반이 된다. 이후 2014년 스위스 다보스에서 열린 세계경제포럼(WEF)에서도 초연결사회의 도래를 수직적 의사결정 구조의 수평과, 지구촌 의사결정 과정의 변화 등과 함께 3대 핵심 주제로 제기되는 등 디지털 사회의 핵심 변화 동인으로 다루어지고 있다. 2016년 세계경제포럼에서는 "모든 것이 연결되고 보다 지능적인 사회로 진화시켰다"고 선언하면서 4차산업혁명의 본질적 속성으로 초연결성을 언급했다(WEF, 2016).

초연결성은 연결성을 갖는 만물인터넷이 플랫폼과 플랫폼을 끊김 없이 안정되게 연결하고(Inter-Platform), 인프라와 인프라를 접목하여 연동하도록 하고(Inter-Infra), 산업과 산업을 연결하여 신산업을 창조(Inter-Industry)하는 등 사람-사물-공간의 초연결성을 품는 경제사회 시스템도 함께 구축된다. 따라서 초연결 구조를 벗어난 정보의 교류와 비즈니스는 가치를 만들어내기 힘들어진다.

이 책은 이 같은 초연결 사회에서 우리 사회가 갖고 있는 문제를 진단하기 위해 연결사회문제를 중점적으로 탐구한 한국연구재단이 후원하는 SSK '연결사회와 가치공유사업단' 연구진들이 3년 동안 수행한 연구결과의 일부를 이 책에 담았다. '연결사회와 가치공유사업단'은 시장경제-시민사회 영역 내·영역 간 상호작용의 분석과 이론화를 목적으로 연구를 수행했다. 특히, 연결 사회의 두 영역인 시장경제 영역과 시민사회 영역에서의 상호작용을 통한 가치 공유 현상을 분석적으로 이해하는 것이다. 연결 기술을 둘러싼 시장-사회의 행위 주체들 간 상호작용을 연구 주제로 설정하여 초연결 사회의 특성을 총체적으로 연구해 왔다.

연결 사회와 가치 공유라는 장기적 연구 의제를 탐구하기 위하여 시장경제 영역과 시민사회 영역 내 그리고 영역 간 상호작용을 기본 틀로 하여 '연결된 삶,' '기업-소비자 상호연결 플랫폼,' '기업-사회 협력 거버넌스,' '제도-시민 상호연결 플랫폼' 등의 연구 주제별로 연구를 수행해 왔다.

이 책에 담긴 각 장의 글들은 연구진들의 성과를 보다 폭 넓게 공유하기 위해 기획되었다. 부디 책의 내용이 사회문제 해결은 물론 독자들의 지적 호기심을 충족하는 데 기여하기를 기대한다.

건국대학교 미디어커뮤니케이션학과 교수
황용석

{ 차례 }

책머리에 4

1부 시민과 사회 제도의 소통

1장 연결사회에서 네트워크의 이해 10
1. 초연결 사회에서의 네트워크 11
2. 소비자 네트워크의 등장 19
3. 비즈니스 네트워크의 등장 25
4. 가치 창출의 새로운 모드로써의 네트워크 32

2장 네트워크 격차 해소와 디지털 리터러시 39
1. 디지털미디어의 등장과 사회 변화 40
2. 네트워크 격차에 대한 이론적 접근 41
3. 네트워크 격차 해소를 위한 디지털 리터러시 45
4. 네트워크 격차 해소와 디지털 리터러시 교육 50

3장 소비자-시민의 소통방식 변화 57
1. 서론 58
2. 정치 권력과 시민 자기 검열의 상호작용 59
3. 실명제 여부에 따른 위축효과에 대한
   변상호와 정성은(2012)의 연구 61
4. 경제 권력과 시민 자기 검열의 상호작용 64
5. 대기업 권력이 SNS공간에서 의사표현 위축에 미치는
   영향에 대한 변상호와 정성은(2013)의 연구 68
6. 논의 및 결론 71

4장 연결사회에서의 사용자 경험 75
   1. 들어가는 말 76
   2. 지능정보사회 77
   3. 지능정보사회의 알고리즘 82
   4. 가짜뉴스와 인공지능 89
   5. 4차 산업혁명과 인지혁명 93

2부 : 소비자와 기업의 가치 공유

5장 소셜서비스를 통한 소비자와 기업과의 연결 가치 102
   1. 서론 103
   2. 웹 2.0 환경에서 집단 지성을 활용한 소셜 컴퓨팅 활용 104
   3. 협력적 창조경험을 위한 소셜 PLM의 활용 106
   4. 협력적 창조경험 기반의 개인과 기업의 협력적 창조가치 사례 109

6장 소셜 미디어를 통한 기업의 비영리활동 123
   1. 서론 124
   2. 기업의 소셜 미디어 활용 전략 125
   3. 주요 기업의 소셜 미디어 활용 현황 130
   4. 결론 141

7장 복잡계 관점에서 본 시장 현상 145
   1. 서론 146
   2. 복잡계의 이론적 틀 147
   3. 1997년 아시아 외환위기 159
   4. 중국의 금융위기 가능성에 관한 진단 164
   5. 결론 171

1부

시민과 사회 제도의 소통

1장 연결사회에서 네트워크의 이해

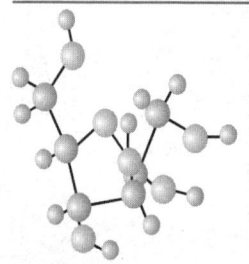

박선주, 정예림, 박태준, 유건식

1. 연결 사회에서의 네트워크

증기기관 기반의 기계화로 인한 1차 산업혁명, 전력에 기반한 2차 산업혁명, 인터넷의 발전이 가져온 3차 산업혁명에 이어, 인공지능, 로봇기술, 생명과학이 주도하는 차세대 산업혁명인 4차 산업혁명까지 이러한 혁명은 이전에는 겪어보지 못했던 새로운 사회를 형성하였다. 특히, 최근 진행되고 있는 4차 산업혁명은 사물인터넷, 빅데이터, 클라우드 컴퓨팅 등의 핵심적인 기술들을 통해 초연결 사회라는 새로운 사회를 만들어가고 있다. 이렇게 새로운 사회로 변화함에 따라 사람들, 사물들끼리 형성하는 네트워크 역시 이전과 다르게 변화하고 있다. 이 장에서는 먼저 네트워크가 어떻게 형성되는지, 초연결 사회의 의미 등에 대해 알아보고, 초연결 사회에서 네트워크가 어떻게 변화하였는지에 대해 살펴보고자 한다.

1) 네트워크의 형성

1967년 미국의 심리학자 스탠리 밀그램의 실험에서 밝혀진 '6단계 분리 이론'은 미국 내 모든 사람들이 6명만 거치면 서로 연결되어 있다는 것을 알려주는 실험이다. 2004년 연세대 사회학과 김용학 교수의 연구결과에 따르면, 한국인의 경우에는 평균 3.6명을 거치면 아는 사이라고 한다. 이 두 연구에서 우리는 우리가 생각하는 것보다 많은 사람들과 가깝게 연결되어 있고, 직접적으로 관계를 맺고 있지는 않더라도 서로 영향을 주고 있음을 알 수 있다. 이렇게 우리는 살아가면서 많은 사람들과 관계를 맺으며, 컴퓨터, 인터넷, 핸드폰 등의 발달로 시·공간의 제약 없이 더 많은 사람들과 직접, 간접적으로 관계를 맺을 수 있게 되었다. 더 나아가 사물들끼리도 인터넷을 통해 서로 정보를 주고 받으며 상호작용한다. 이렇게 사람과 사람, 사물과 사물이 맺고 있는 관계를 노드(행위자)와 에지(행위자들 간의 관계)로 표현한 것이 네트워크이다. 좀 더 전문적인 용어로 표현하자면, 네트워크는 구성 요소 간의 연결 상태를 표현하는 토폴로지를 의미한다고 할 수 있다.

이러한 네트워크는 각 노드 간의 연결성의 정도에 따라서 크게 4가지 상태로 구분될 수 있다. 첫 번째 상태는 연결이전(underconnected) 상태이다. 원시 문화나 미개발 국가가 이 상태에 해당하며, 주변 환경의 변화에 거의 영향을 받지 않으며 내부에서도 변화가 거의 일어나지 않는 상태를 의미한다. 두 번째 상태는 상호연결(interconnected) 상태이다. 90년대 초반, 한국에서 인터넷이 활발해지기 이전에 인터넷망에 대한 수요 급증을 대비해 정부 주도하에서 인터넷 망을 전국적으로 설치한 사례가 이 상태에 해당한다. 주변 환경이 변화함에 따라 국가의 제도나 사람들의 인식 등도 지체와 어려움 없이 변화하는 상태를 의미하며, 그 반대 역시 상호연결 상태이다. 세 번째는 고도연결(highconnected) 상태이다. 20세기 후반의 실리콘 밸리가 이 상태에 해당하는 대표적인 사례이다. 연결성이 높고 변화하는 상황에 대한 적응에 어려움은 있지만 이를 잘 극복하고 적응해 나가며 사회가 잘 돌아갈 수 있는 최대치의 상태라고 할 수 있다. 정부나 기업 등이 주체가 되어 환경 변화를 주도하는 상태이며, 주변 환경은 정부나 기업이 주도하는 변화 상태에 적응해 나간다. 마지막으로 연결과잉(overconnected) 상태가 있다. 혹자는 지금의 우리 사회가 이미 연결 과잉의 상태라고 말을 하기도 한다. 이 상태는 서로의 연결성이 너무 높아 시스템이나 제도의 변화에 재빠르게 대처하지 못하고 지체가 일어나는 상황을 의미한다(Davidow, 2011).

그래프 이론에서 발전한 네트워크 이론은 18세기 수학자 오일러(Euler)

에 의해 처음 소개된 이후, 줄곧 네트워크가 가지는 일반적 원리에 관한 수학적 증명에 한정되어 있었는데, 20세기 후반에 들어와서는 공학, 정보과학, 생물학, 사회학, 경제학 등 많은 분야에서 사회 전반의 다양한 현상을 이해하고 설명하기 위한 방법으로 활발하게 이용되고 있다. 네트워크 모델은 여러 가지 요소가 복잡하게 혼재되어 있는 어떠한 현상이더라도 노드와 에지로 이루어진 그래프로 간략하게 표현함으로써 복잡한 시스템의 분석을 용이하게 한다. 또한 네트워크를 구성하는 요소 자체에 대한 단순 분석으로는 얻을 수 없는 구조적인 특성을 연구하는 데 적합하며, 따라서 구성 요소들 간의 관계성에서 기인한 현상들과 해당 시스템에 대한 통찰력을 제공한다는 점에서 여러 분야에서 각광받고 있다.

2) 초연결 사회의 등장

캐나다 사회과학자인 Anabel Quan-Haase and Barry Wellman에 의해 처음으로 사용된 용어인 초연결 사회(Hyper-connected society)란 사람, 사물, 공간 등 모든 것들이 인터넷으로 서로 연결되어, 모든 것에 대한 정보가 생성, 수집되고 공유, 활용되는 사회를 뜻한다(KPMG, 2017). 이렇게 사람, 프로세스, 사물을 포함한 모든 것이 네트워크를 구성하고 인터넷을 통해 소통하고 있는 사회가 바로 초연결 사회이다. 이 초연결 사회가 앞으로 우리 사회를 획기적으로 바꿀 것이라고 많은 산업 분야에서 예측하고 있다. 2016년 세계경제포럼(WEF)에 따르면 초연결 사회는 10년 내 도래해 2025년에는 1조개의 센서가 인터넷에 연결되고 인체 삽입형 휴대폰이 등장하는 4차 산업혁명의 시대를 이끌어갈 주요 동력이 될 전망이다(KPMG, 2017).

한국정보화진흥원 자료에 따르면 초연결 사회는 기술진화와 인간 욕구의 변화를 2대 동인으로 하여 등장하는 미래사회의 새로운 패러다임이라고 정의하고 있다. IT 기술이 비약적으로 발전함에 따라서 사람들은 스마트폰, SNS을 통해 시·공간적 제약 없이 언제 어디서나 서로 정보를 주고받을 수 있게 되었다. 또한, 사물들끼리도 서로 네트워크로 연결되어 있어 이전에는 수집할 수 없었던 새로운 데이터들을 수집하고 이를 분석하여 새로운 정보들을 얻을 수 있게 되었다. 이러한 기술의 진화와 좀 더 고차원적인 서비스를 요구하는 인간 욕구의 변화를 바탕으로 초연결 사회로 진입하고 있다고 말하고 있다.

초연결 사회의 개념을 좀 더 잘 이해하기 위해 초연결 사회를 특징짓는 요소들은 어떤 것들이 있는지 알아보자. 2012년 세계 경제 포럼은 다음 여섯 가지 요소를 초연결 사회의 속성이라고 설명하고 있다. 첫째, 핸드폰, 인터넷 등 모바일 기계를 이용해 24시간 항상 연결된 상태(Always on), 둘째, 시·공간적 제약 없이 어디서든 접속 가능한 상태(Readily Accessible), 셋째, 풍부한 정보량(Information rich), 넷째, 상호작용성(interactive), 다섯째, IoT의 발달로 인한 사물 간의 소통(Not just about people), 여섯째, 모든 것이 기록되는 상태(Always recording)이 그것이다. 우리는 이제 더 이상 특정한 시간에, 특정한 공간에 모여서 의견과 정보를 주고받지 않아도 언제, 어디서나, 원하는 시간에, 원하는 정보를 공유하고 얻을 수 있으며 이 모든 과정이 인터넷상에 기록되어 남아있는 사회를 의미한다(Fredette, Marom, Steinert, & Witters, 2012). 페이스북과 같은 SNS을 생각해보면 초연결 사회가 무엇인지 구체적으로 잘 와 닿을 것이다. 전세계 사람들이 이용하는 페이스북에는 자신이 공유하고 싶어하는 글이나 자신이 쓴 글, 친구가 '좋아요'를 누른 계정의 글, 팔로우 하는 계정의 게시글 등이 계속해서 업데이트된다. 이러한 활동은 온라인상에서 이루어지기 때문에 교통수단을 타고 이동할 때, 혹은 학교나 직장에서 공간에 구애 받지 않고 원하는 시간에 접속해서 확인을 알 수 있다. 또한 페이스북에 남기는 댓글이나 좋아요,

활동 시간과 같은 활동 로그들이 페이스북에 다 기록이 된다는 것을 생각해보면 페이스북과 같은 SNS는 초연결 사회를 이해할 수 있는 가장 쉬운 예시이다. 이렇게 전 세계의 사람들과 서로 지식, 활동의 공유가 쉬워지고 연결이 강화되면서 나의 지식과 활동 역시 전혀 모르는 사람에게 영향을 미칠 가능성이 커졌고, 그 반대 역시 마찬가지이다(홍성욱, 2002).

〈표 1-1〉 사회변화와 초연결사회의 도래

	정보화 사회	모바일 사회	초연결 사회
수단	컴퓨터	스마트폰	초연결 네트워크
패러다임	디지털화, 전산화	온라인화, 소셜화	지능화, 사물정보화
시스템 (유통, 교육, 공공)	오프라인(물리적 공간)	온라인(가상 공간)	오프라인과 온라인 융합
커뮤니케이션	우편	E-mail	SNS

그렇다면 초연결 사회 이전인 정보화 사회, 모바일 사회와 초연결 사회는 어떤 점이 다를까? 1993~4년 인터넷이 상용화된 정보화 사회에서는 컴퓨터를 수단으로 하여 처리하는 일을 자동화, 전산화시킬 수 있게 되었다. 그러나 학교나 공공기관에서는 여전히 특정 장소에 모여 회의를 하고, 교육을 받았다. 또한, 각 노드들끼리 연결되어 있긴 하지만 대부분 단방향으로 구성되어, 한 노드에서 다른 노드로 정보를 보내주거나 받은 정보를 처리하는 단순한 일 밖에 하지 못했다. 이후, 모바일사회로 변화하면서 스마트폰을 통해 더욱 쉽게 일을 처리할 수 있게 되었고, 정보화 사회에 비해서는 노드들끼리의 연결이 강화되고 더 많은 노드들이 생겨났다. 그러나 초연결 사회가 도래함에 따라서 오프라인과 온라인의 구분 없이 양방향으로 관계를 맺고, 수많은 노드들이 빠르게 생겨나고 사라지

는 것을 반복한다. 노드들을 연결하는 에지 역시 필요에 따라 빠르게 생겨나고 없어지며 노드들끼리의 연결성도 실시간으로 변화한다. 또한 실시간으로 정보를 주고받을 수 있게 됨에 따라 이전보다 더 많은 가치와 서비스 등을 생산해낼 수 있게 되었다.

3) 초연결 사회에서의 네트워크 변화

네트워크는 인류가 존재한 이래로 계속해서 존재해 왔다. "사람들은 다른 나라와의 교역을 위하여 마차, 배와 같은 교통수단을 만들었고, 교통수단이 이용할 수 있는 항만, 선로와 같은 교통 인프라를 구축하였다. 또한 책, 봉화, 전화 등과 같은 통신기술을 발달시켜 정보와 지식을 공유하였다(홍성욱, 2002)." 이렇듯 초연결 사회에서 네트워크가 이전보다 강화되었을 뿐 이전에도 계속해서 네트워크는 존재했고, 이 네트워크를 분석하는 연구들도 존재했다. 그러다 초연결 사회로 진화함에 따라서 네트워크 이론에 대한 학문적인 관심은 더욱 커졌다. 인터넷, 모바일 등 디지털 도구의 확산과 소셜 미디어의 발전은 사회 전반에 걸쳐 연결성을 한층 더 높여 주었다. 연결되어 있는 것이 제품이나 정보, 기업과 같은 조직, 또는 소비자나 사용자와 같은 개개인이든 간에, 연결된 그 무엇은 곧 하나의 네트워크를 형성하게 되며, 연결되어 있는 개체의 성격에 따라 제품 네트워크, 정보 네트워크, 기업 네트워크, 소비자 네트워크 등으로 다양하게 나타난다. 또한 소비자는 기업과 소통하면서 제품 생산에 관여하고, 정부는 정책을 시행함에 있어서 시민과 소통하며, 정보 이용자는 미디어를 이용하여 정보를 생산하고 전달하는 역할을 하기도 한다. 이렇듯 기존에는 존재하지 않았던 새로운 형태의 네트워크가 생겨나면서 네트워크의 종류는 나날이 다양해지고 있다.

그렇다면 과거의 네트워크와 초연결 사회의 네트워크는 어떤 차이가 있을까? 한국 시민운동의 네트워크가 어떻게 변화하였는지를 예로 들어 설명해보면 다음과 같다. 먼저, 1980년대의 시민운동은 민주화 운동에 그 뿌리를 두고 있다. 이 시기에는 여러 단체들이 전국적으로 조직되고, 각 단체들은 중앙의 지도부에 의해서 명령을 받아 움직이는 특성을 가졌다. 이 시기 네트워크의 노드들은 중앙 지도부와 각 지방의 조직들로 구성되어 있었다(중대신문, 2000, 3, 13). 이 노드들 중에서도 중앙의 지도부가 허브(Hub)가 되어 핵심적인 역할을 하였다. 그러므로 이 시기에는 지방의 조직들과 중앙의 지도부가 서로 소통하여 전략을 짜기보다는 지도부가 전략을 짜고 지방 조직들에게 전달해주는 단방향성의 특징이 강했다. 노드들끼리의 연결성이 존재하지만 그 강도가 현재보다는 약했다.

1990년대에는 1980년대에 비해 인권 운동, 여성 운동 등 다양한 주제의 시민운동이 일어났다. 이 시기에는 80년대와 마찬가지로 중앙의 지도부를 중심으로 지방의 조직들이 연결되어 있는 전통적인 네트워크뿐 만 아니라 참여연대와 같이 지부를 갖지 않고 있는 단체들도 나타났다(중대신문, 2000, 3, 13). 지부를 갖지 않고 있는 단체들은 전통적인 네트워크에 비해서는 자율성이 높아져 노드들끼리 상호작용하는 양방향성의 에지를 가지고 있었다.

2000년대에 들어서면서 인터넷의 사용이 더욱 활발해지고 디지털 기기의 수는 전세계 인구의 수를 뛰어 넘은지 오래다. 2012년 한국의 디지털 인구는 655만 명으로, 전체 인구의 13.5 퍼센트를 차지하고, 15~24세 청년층 인구 중 99.6퍼센트를 차지하고 있다고 한다(김대호, 최선규, 이재신, 신동희, 안재현, 전경란, 이상우, 김성철, 김도연, 심용운, 2014). 또한, 2003년 1인당 0.08개에 불과했던 커넥티드 디바이스 수는 2015년 1인당 3.5개, 그리고 2020년에는 6.58개로 증가할 것으로 예측하고 있다(이호영, 김희연, 김사혁, 최항섭, 2015). 컴퓨터와 스마트폰을 소유한 개인이 모두 노드가 되며,

노드들끼리의 연결 강도 역시 매우 약해 금방 사라지는 것부터 지속적으로 정보를 주고 받는 강한 강도까지 매우 다양하다. 초연결 사회에서는 이러한 노드와 에지가 실시간으로 생기고 사라진다. 이와 같은 인터넷 네트워크는 그 연계성과 행위자 스스로가 노드와 에지, 허브가 되면서 재형성되는 새로운 시민운동의 공간이 된지 오래다(송경재, 2009). 이러한 상황에서의 시민운동은 이전보다 더 큰 네트워크 효과를 가지고 있을 것임을 쉽게 추측할 수 있다. 대표적인 예로 2008년 촛불집회와 2016년 박근혜 전 대통령의 퇴진을 외치던 촛불집회가 있다. 초연결 사회에서의 시민운동 네트워크는 정확한 정보를 신속히 분석하고 제시, 유통시키는 능력이 핵심이다. 전통적인 시민운동의 정보획득 과정과 초연결 사회의 정보획득 과정을 비교해보면 초연결 사회에서는 행위자 측면에서 시민의 다양한 정보네트워크 구축 활동이 발견된다. 또한, 언론, 정당 등에 의해 의제가 형성되지 않고 시민이 직접 새로운 정보를 공급, 생산, 소비, 유통한다는 특징이 있다(송경재, 2009). 2008년과 2016년 촛불집회 때 광화문 광장에 모인 사람들을 생각해보면 개개인들이 인터넷과 소셜 미디어 등을 통해 자발적으로 새로운 정보들을 빠르게 확산시켰다는 점을 생각할 수 있고, 이는 초연결 사회의 네트워크 없이는 이루어지기 힘들었음을 알 수 있다.

  초연결 사회가 도래하면서 새롭게 생긴 네트워크들 혹은 기존 네트워크 구조의 변경은 많은 것을 변화시켰다. 네트워크의 가치는 그 네트워크를 구성하고 있는 개체들 각각이 가지고 있는 가치의 단순 합이 아니다. 소비자 네트워크와 기업 네트워크를 예로 들어 이러한 네트워크의 형성이 어떤 것들을 변화시켰는지 알아보자. 소비자 네트워크의 형성은 소비자의 행동 유형을 비롯해 기업의 소비자 관련 모든 전략을 수정하게 했다(ROGERS). 기업 네트워크의 형성은 기존의 관계 관리적 측면에서부터 네트워크 경영에 이르기까지 초경쟁적 시장에서 경쟁적 우위를 갖기 위해 기업이 취할 수 있는 모든 전략을 변화시켰다. 이는 네트워크의 형성이 패러다임의 변화를 가져왔음을 의미한다. 이러한 패러다임의 변화는 새로운 가치를 창출한다.

이 사회를 구성하고 있는 어느 것 하나도 연결되어 있지 않는 것이 없다는 점에서, 사회, 경제, 정치를 비롯한 연결 사회의 모든 사회 현상을 설명하고 분석하는 데 있어 네트워크에 대한 통찰의 필요성이 절실해 보인다.

2. 소비자 네트워크의 등장

과거 독립적이고 고립적인 존재였던 소비자들은 서로 소통하고 연동하면서 하나의 거대한 네트워크로 다시 태어났다. 소비자 네트워크의 형성은 또한 기업과 소비자의 관계 양상에 많은 변화를 가져왔다. 소비자들이 이전보다 밀접하게 연결되어 소통함에 따라, 기업은 임의의 대중이 아닌 소비자 개개인의 니즈에 주목해야 했으며, 이러한 고객 중심의 접근은 기업과 고객 간의 상호작용을 중시하며, 결과적으로 고객과 기업의 사회적 연결성을 강화했다. 이러한 맥락에서 소비자와 기업 간의 효과적인 상호작용 방법과 그 효과에 대한 사회적 관심은 커지고 있다. 이 장에서는 소비자 네트워크의 가치에 대한 연구 동향과 소비자 네트워크 관련 사례 중 기업의 고객 관리 체계의 변화에 대해서 설명하고자 한다.

1) 소비자 네트워크 가치 연구 동향

스마트 폰을 포함한 모바일 디바이스의 발달은 모바일 메신저와 SNS (Social Network Service) 시장의 성장을 가져왔고, 결과적으로 소비자 사회의 상호 연결을 강화시켰다. 고객들이 형성하는 사회 연결망은 기업의 입장에서 네트워크 효과(Network Effect) 또는 입소문 마케팅(Viral Marketing 또는 Word-of-Mouth)의 관점에서 주목할 만한 것이 되었으며, 2015년 해태 제과의 허니버터칩과 같이 SNS 상에서 이루어지는 입소문 마케팅의 효과가 부각되는 사례들이 나타났다.

SNS 시장의 부상 이전에도 사회 연결망(Social Network)에 대한 연구는 꾸준히 있어왔다. 1970년대에 사회학자인 그라노베터(Granovetter, 1973)의 연구 이후 주목 받기 시작한 네트워크의 힘은 르네상스를 이끈 메디치가 (家)에 대한 네트워크 차원의 설명을 제시한 패젯과 안셋(Padgett & Ansell, 1993)의 연구 등으로 이어지면서 끊임없이 학자들의 관심이 되어왔다. 다만 연결망에 대한 자료 자체를 포착하기 어려웠기 때문에 상대적으로 작은 연결망을 다루거나 추상적인 개념을 언급하는 수준의 연구가 주를 이루었다.

모바일 메신저와 페이스북(Facebook), 트위터(Tweeter) 등 SNS 플랫폼은 앞서 설명한 기존 연구의 한계점을 단번에 뒤엎고 새로운 연구를 할 수 있는 기반이 되었다. 이미 학계에서 주목해온 사회적 네트워크라는 개념은 온라인상에서 기업의 데이터베이스에 직접 담길 수 있는 형태로 가시화되기 시작했고, 이러한 사회적 배경은 곧장 소비자 연결망(Customer Network) 상에서 개별 소비자의 연결망 가치를 측정하고자 하는 시도로 이어졌다. 기존의 이론에서만 머무르던 사회 연결망이라는 개념을 SNS가 제공하는 데이터를 기반으로 각 경제 주체가 적극적으로 활용하기 시작한 것이다.

전통적인 연결망 연구에서 자주 사용되었던 개념인 중심성(Centralities) 을 이용한 시도가 가장 먼저 이루어졌지만(Borgatti, 2005), 이미 수백만 이 상의 사용자를 노드로 갖는 그래프를 형성한 SNS를 설명하기에는 역부 족이었다. 특히 기업들의 주된 SNS 분석 목적인 입소문 마케팅을 극대화 를 달성하는데 적합하지 않음은 켐페 등(Kempe, Kleinberg, & Tardos, 2003)의 연구를 통해 이미 밝혀진 바이다. 네트워크 전체에 대한 개별 노드의 가 치를 산출하는데 적합한 중심성의 개념은 입소문 마케팅을 적용함에 있 어 각 노드가 갖는 효과가 중첩되어 사라지는 부분을 고려하지 않기 때 문이다. 중첩으로 인해 정보 확산 효과가 줄어드는 문제를 해결하기 위 해 네트워크를 군집화(Clustering) 기법을 사용하거나 데이터 마이닝 기법 을 기반으로 나누어서 분석하려는 시도가 정보학자와 컴퓨터 과학자들을 중심으로 현재까지 이어지고 있다(Kempe, Kleinberg, & Tardos, 2003; Spielman & Teng, 2013).

한편 워싱턴 대학의 한 연구(Domingos & Richardson, 2001)는 중심성 개념 을 배제하고 확률 모형과 협력 필터링이라는 데이터 마이닝 기법을 활용 한다. EachMovie라는 영화 관련 서비스의 데이터베이스에 마이닝 기법을 적용하여 네트워크 효과를 고려한 마케팅이 기업 성과를 개선할 수 있음 을 보였다. 영화 소비자의 네트워크 가치를 측정하고, 기존의 마케팅 방 법(Mass Marketing, Traditional Direct Marketing 등)과 네트워크 가치에 기반한 마케팅 방법을 비교하고 그 효과가 개선됨을 시뮬레이션을 통해 보였다.

한편, 코넬 대학의 한 연구(Kempe, Kleinberg, & Tardos, 2003)는 네트워 크 가치를 일일이 산출하는 과정을 배제하고 어떤 소비자를 중심으로 입 소문 마케팅이 시작될 때, 정보 확산 효과가 극대화되는지를 직접적으로 알아내고자 했다. 이들은 연결망을 소비자 간의 연결 정도를 기준으로 군집화하고 해당 군집 내부에서 확산을 위한 최적 연결 상태를 갖는 소비자를 찾아냈다.

　이와 같은 연구들은 더 이상 예전의 고객 관리 방법들과 같이 고객을 개체(Entity) 단위로 파악하지 않고, 사회 연결망(Social Network) 자체로 인식함으로써, 고객이 연결망에서 갖는 부가적인 가치가 앞으로 기업이 소비자와 접촉함에 있어 중요하게 고려될 사항임을 시사하고 있다. 한편 기존의 사회 연결망 연구가 갖는 연산 방법의 한계를 느껴 이에 대한 돌파구를 찾고자 하는 시도도 이어지고 있다. SNS로부터 생성되는 사회 연결망 자료는 소위 말하는 빅데이터(Big Data)로 취급되고 있으며, 사회학 연구로부터 시작된 사회 연결망의 전통적인 연산 방식으로는 필요한 시간에 맞추어 필요한 연산 결과를 뽑아내기 어렵다. 최근 컴퓨터 과학이나 정보학 연구에서는 빅그래프(Big Graph)를 분석하기 위해서는 기존의 단일 프로세서에서 사용하던 분석 알고리즘의 속도를 질적으로 개선할 방법이 필요하며, 멀티코어 프로그래밍 등을 그 방법으로 제시하고 있다 (Agarwal, Petrini, Pasetto, & Bader, 2010). 거대한 사회 연결망 데이터를 충분히 분석할 수 있는 방법론에 대한 연구와 기업 차원에서의 구체적인 활용방안 등은 아직 구체적으로 정립되지 않았지만 사회학과 컴퓨터 과학 그리고 그 외 다양한 학계 및 경제 주체들은 이를 찾아내기 위해 노력하고 있다.

2) 소비자 네트워크 관련 사례 - 고객 관계관리 체계 변화

　소비자들이 네트워크를 형성함에 따라 기업의 입장에서는 이 네트워크를 자신들의 기업 전략에 잘 활용하는 것의 필요성을 느꼈다. 이에 따라 각 기업에서는 고객 관계관리(CRM)을 담당하는 팀을 만들기 시작했다. 고객 관계관리 체계는 기업이 고객과 관련된 내외부 자료를 분석·통합해 고객 중심 자원을 극대화하고 이를 토대로 고객특성에 맞게 마케팅, 판매 등 전반적인 경영 전략을 계획·지원·평가하는 과정이다(두산백과). 기업의 입장에서는 새로운 고객을 만드는 것보다 기존의 고객들을 잘 관리하는 것이 더 중요하다. 기존 고객들을 그대로 유지하고 각각의 니즈에 맞는 상품 혹은 전략을 차별화하여 제공하면서 그들의 만족도를 높이는 것이 더 낮은 비용으로 높은 효과를 내는 방법이기 때문이다. 인터넷과 컴퓨터가 발달하기 이전에는 방대한 고객 정보를 처리할 수 있는 기술이 없어 CRM과 관련된 경영전략을 짜기가 어려웠다. 하지만 컴퓨터 기술과 관련 IT 분야의 급속한 발전으로 인하여 많은 양의 데이터들을 분석하기가 용이해졌고, 이를 통해 이전에는 알지 못했던 고객들의 구매 패턴이나 의사결정과정 등에 대해서 새롭게 알게 되었다. 그리고 이 정보들이 마케팅, 재고 관리 등과 같은 경영 전략을 세우는데 핵심적인 역할을 하게 되면서 90년대 후반부터 기업들은 CRM의 중요성을 인식하게 되었다.

이렇게 기업 데이터베이스에 축적되는 정보량이 커지고, 그 데이터를 관리하고 분석할 수 있는 방법이 정교해지면서, 경영 분야의 고객 관계 관리(CRM) 체계에 관한 연구는 고객 데이터베이스에 대한 데이터 마이닝을 위주로 진행되고 있다. 데이터 마이닝 기법을 사용하는 고객 관리 체계는 기본적으로 고객의 행동 패턴이 몇 가지 유형으로 정형화될 수 있음을 가정한다. 즉 기업에게 고객은 더 이상 개별 관리의 대상이 아니라, 상호 유사성으로 연결되고 그 연결 강도에 따라서 군집을 구분하여 관리하게 된 대상이다.

경영 정보 시스템 분야에서 수행한 한 기법 연구(Rygielski, Wang, & Yen, 2002)는 고객 관리라는 경영 문제에 대해 인공 신경망(Neural Network)과 CHIID(chi-square automated interaction detection) 기법을 적용한 사례를 분석하여 제시했다. NeoVista Solutions Inc.는 컨설팅 기업으로, 이들은 컨설팅

대상이 되는 회사들의 데이터베이스에 대해 인공신경망 기법을 사용하여 해당 업체들의 성과를 개선했다. 해당 사례에서는 계절성 제품에 대한 수요 예측의 정확성을 높이는 것에 데이터 마이닝의 목표가 있었다. 이에 클러스터링을 함께 사용한 인공신경망 기법을 통해 자동적으로 판매 기록을 재확인하고 판매 패턴에 따라 개별 판매점을 묶어 재고 보충 시스템을 보강했으며 이는 결과적으로 2%의 재고량을 줄이고 11.6%만큼 이익을 증대시키는 결과를 가져왔다. 즉 고객이라는 집단을 군집화(Clustering)하여 군집별 행동 패턴을 발견해내고 해당 행동 패턴을 기반으로 경영 전략을 수정한 것이다.

또 다른 컨설팅 기업인 Applied Metrix는 고객 업체들의 마케팅 및 판매 생산성을 최적화시킴으로써 경쟁력을 얻도록 돕고 있다. 이를 위해 Applied Metrix는 CHAID 분할(CHAID segmentation)과 로지스틱 회귀분석(Logistic Regression)를 포함한 데이터 마이닝 기법을 사용한다. 이들은 모형을 사용하여 시장을 16개료 분할(Market Segment)했으며, 각각의 시장 분할에 대해 다른 마케팅 접근을 수행함으로써 결과적으로 시스템을 적용한 첫해의 판매를 $36M 만큼 증진시키는데 성공했다. 해당 연구가 제시한 두 사례는 시장에 존재하는 고객을 복수의 군집으로 분리하고 군집별로 서로 다른 관리 방법을 적용하여 성과를 개선했다는 공통점이 있다.

고객 관리 체계(CRM)에 대한 데이터 마이닝 기술 적용 사례는 여기서 끝이 아니다. 기업이 고객 간의 유사성 연결을 활용하여 고객을 관리하는데 그치지 않고, 이를 고객과 적극적으로 상호작용하는데 이르기까지 기술의 응용분야를 확장해 나가고 있다. 아마존(Amazon.com)의 협력 필터링(Collaborative Filtering)을 이용한 상품 추천 서비스는 이러한 상호작용 확장의 일환이다(Linden, Smith, & York, 2003). 거래 내역의 유사성을 이용하여 소비자 군집 및 상품 군집 간의 연결을 도출하고 이를 이용하여 고객에게 고객 특성을 고려한 상품을 제시하는 것이다. 이러한 서비스 개선 노력을 통해, 기업의 온라인 플랫폼에서 고객은 사회 연결 속에서 발견된 자신과 유사한 고객들이 구매한 상품을 제안받게 되었으며, 이에 대한 피드백을 함으로써 기업으로부터 더욱 개인화된 서비스를 제공받게 된다. 결국 기업이 고객 간의 유사성 연결을 발굴(Mining)해냄으로써 기업과 고객의 상호작용이라는 연결이 더욱 강화되는 결과를 얻게 되었다.

넷플릭스와 아마존과 같은 거대한 웹 기반 기업이 주도하고 있는 데이터 마이닝 기반 소비자 관리 기법은 기계 학습(Machine Learning) 등의 분석 방법에 대한 연구가 진행됨에 따라 앞으로 계속해서 발전해 나갈 것으로 보인다. 다만, 학계 일각에서는 앞서 설명한 협력 필터링이나 추천 시스템 등에 대한 연구는 이미 포화상태라고 판단하기도 한다. 이어서 설명할 소비자 네트워크에 대한 분석은 이러한 고객 관리 체계의 현 국면에 새로운 바람을 가져올 중요한 키워드 중 하나로 꼽힌다.

3. 비즈니스 네트워크의 등장

기업의 운영에 있어서 비즈니스 네트워크가 주목을 받기 시작한 것은 1990년대 산업마케팅(Industrial marketing)분야에서였다. 학자들은 직접적으로 연결되어 있는 2개의 기업만을 놓고 보던 "비즈니스 관계"의 개념으로는 설명하기 어려운 사례가 발생하자, 분석의 범위를 넓힘으로써 이를 극복하고자 하였다(Johnston & Lawrence, 1991). 따라서 학자들은 복수의 비즈니스 관계로 구성되어 있는 '구조'에 대한 관심을 가지기 시작했고, 그 결과물이 바로 우리가 살펴보고자 하는 비즈니스 네트워크이다. 혹자는 1980년대 후반에 등장한 공급사슬(Supply chain)[1]을 비즈니스 네트워크에 대한 관심의 시작으로 보기도 하는데, 이는 공급사슬이 전통적인 '쌍방간의 비즈니스 관계'와는 달리 여러 다른 상대와의 복합적인 관계(Complex relationship)와 그로 인한 연쇄효과(Chain effect)를 수반에 대한 고민을 시작한 분야이기 때문이다.

1) 비즈니스 네트워크 연구 동향

비즈니스 네트워크 관련한 연구의 초기 단계에, 비즈니스 네트워크는 '기업들 간(주체: Actors; Object)의 직접적인 교환(활동: Activities)이 이루어지는 비즈니스 관계(Direct dyadic business relationship)가 둘 이상 모여 만들어진 집합'이라고 정의되었다(Emerson, 1976). 하지만 시간이 흐름에 따라 기업들뿐 아니라, 기업과 상호작용을 하는 정부, 소비자 등과 같은 다양한 주체들까지 포함함으로써, 비즈니스 네트워크의 범위는 한층 더 확장되었다. 또 사회학 분야에서 여러 기업들로 이루어져 있는 비즈니스 네트워크를 마치 자연의 생태계와 유사하다고 하여 기업 생태계(Business ecology)라고 부르는 학자들도 있다. 우리는 이러한 정의들을 통해 비즈니스 네트워크가 기업들이 다양한 사회주체들과 직간접적으로 맺는 여러 가지 관계를 포괄적으로 포용하는 하나의 구조라고 생각할 수 있다. 이 네트워크에는 행위자(노드)가 있으며, 이 행위자들을 연결해 주는 관계(에지)가 있다. 또 비즈니스 네트워크의 구조 위에서의 흐름은 행위자들 사이에 교환되는 유형이나 무형의 재화로 볼 수 있다.

비즈니스 네트워크를 바라보는 관점은 비즈니스 네트워크의 구조 자체에 더 큰 무게를 두는 '조직 네트워크(Network of organization)' 관점과 네트워크에 참여하는 참여자에 더 큰 중심을 두는 '네트워크 조직(Network organization)' 관점으로 나눌 수 있다. '조직 네트워크'는 비즈니스 네트워

---

1) 공급사슬 역시 네트워크의 한 종류이다. 공급사슬 개념의 출현은 기업에게 공급사슬 내의 다른 기업의 행태에 대해서도 관심을 가져야 하는 이유를 제시하였다.

크를 복수의 조직들에 의해 자연적으로 생겨난 구조로 보며, 네트워크 상에는 특정한 중심(Hub)이 존재할 수 없다고 본다(Achrol, 1997). 더불어 기업들은 각자의 목표를 달성하기 위해 다양한 활동을 하며, 네트워크 내의 구성원들뿐만 아니라 네트워크 외부에 있는(다른 네트워크에 있는) 구성원들과도 관계를 맺는다는 관점이다(Stacey, 1996). 이와 달리 '네트워크 조직' 관점의 경우에는 네트워크가 자생적으로 생겼다기보다는, 개별 기업들이 각자의 목적을 수월하게 달성하기 위해 의도적으로 다른 기업과 협력 관계를 맺고 네트워크를 형성한다고 주장하는 관점이다(Dyer, 1996; Dyer & Nobeoka, 2002; Lorenzoni & Lipparini, 1999). 이러한 관점에서는 비즈니스 네트워크의 자생성보다는 핵심(Hub) 기업의 역할을 중요시 여기는 경향이 있다. 하지만 두 관점이 상호 배타적인 것은 아니며, 두 관점 모두 타당성을 지닌다.

분명한 것은 자생적으로 형성되었든, 어떤 특정한 목표를 가지고 만들어졌든 간에, 네트워크 안에서 모든 기업들은 독립적이지 않다는 것이다. 하지만 아직도 많은 기업들이 스스로를 독립적인 주체로 생각하거나, 다른 기업보다 더 독립적일 수 있을 거라고 생각하는 경향이 있다(Stacey, 1996). 이는 자본집약이 상대적으로 낮았던 과거의 산업이나 저기술 상품의 경우에는 큰 문제가 없었지만, 세계화와 고도의 분업화로 경영 활동이 복잡해진 현대의 상황에는 부합하지 않는다. 왜냐하면 단일 기업의 독자 행동은 거의 불가능할 뿐 아니라, 이러한 독단적인 활동이 기업 성공의 열쇠가 되지도 않기 때문이다. 실제로 세계화로 인한 국제 경영의 시작과 고도의 분업화를 요구하는 고기술 산업의 발전 그리고 기업 간 경쟁력의 심화 등은 기업으로 하여금 비즈니스 네트워크의 필요성을 실감하게 하고 있다.

기업은 비즈니스 네트워크에 구성원으로 참가하는 것만으로도, 즉 해당 비즈니스 네트워크 내에서 당장 특별한 활동을 하지 않아도, 네트워크의 효과에 힘입어 기업 활동에 있어 긍정적인 영향을 받는다. 그러나 비즈니스 네트워크가 항상 득만이 되는 것은 아니다. 한번 구축된 네트워크와 그 속에서 기업이 차지하는 위치는 해당 기업이 새로운 방면으로 진출하는 것을 어렵게 한다. 마치 관성과 같은 이 현상은 역설적으로 상호작용이 활발히 이루어지는 네트워크일수록 더 강하게 작용한다. 이는 활발한 상호작용이 기능의 모듈화(분업화)를 촉진시킨다는 점에서 그 이유를 찾을 수 있다(Dubois, 2006). 또한 네트워크 자체의 상호연관성은 네트워크 내에서 한 기업의 위치가 달라지는 것이 어떠한 영향을 가져올지 예상하는 것을 어렵게 하기 때문에, 네트워크의 구성원들에게는 그들이 어떠한 행동을 취해야 하는지를 알기 어렵게 한다(Anderson, Håkansson, & Johanson, 1994). 이와 같이 네트워크적인 접근은 기업에게 기회이자 동시에 위험으로 작용될 수 있다. 따라서, 성공적인 기업 활동을 위해서는 비즈니스 네트워크에 대한 올바른 이해가 절대적으로 필요하다.

2) 비즈니스 네트워크 관련 사례 - 리앤펑, IBM, 다임러사와 크라이슬러

이 장에서는 비즈니스 네트워크가 어떻게 형성되어 있고, 각 기업들이 비즈니스 네트워크에서 유의해야 할 점들에 대해서 실제 사례를 통해 살펴보고자 한다.

먼저 비즈니스 네트워크를 성공적으로 이용하고 있는 리앤펑의 사례를 살펴보면, 리앤펑은 물건의 설계도가 있는 기업에게 해당 제품을 생산할 수 있는 기업을 소개하고 이와 관련된 서비스를 제공하는 홍콩의 무역 및 유통회사이다. 네트워크를 불균형 상태로 이끄는 요소는 비단 신기술뿐 만은 아니다. 때로는 네트워크 상에서 유리한 위치를 선점하는 것이 네트워크의 주체에게 절대적인 우위를 줄 수 있다. 여기서 유리한 위치란 허브(hub)로써 최대한 많은 수의 에지를 확보하고, 최대한 많은 네트워크 군과의 다리(Bridge)역할을 할 수 있는 곳이다. 리앤펑은 네트워크 안에서 허브와 브릿지의 위치를 선점함으로써, 다른 기업보다 우위를 점할 수 있다. 그러나 이러한 우위는 일시적인 것으로 결국 네트워크는 균형 상태에 도달하게 된다. 따라서, 핵심은 다른 노드들 보다 조금이라도 더 먼저 브리지에 가까운 노드가 되는 것, 즉 상대적 우위를 차지하는 것이다. 이를 위해서는 얼마나 빨리 브리지의 위치를 파악하고 선점하는 지와 정확히 해당 브리지를 포기해야 하는지를 판단하는 능력이 필요하다(Burt, 2009; Hoogeweegen, van Liere, Vervest, van der Meijden, & de Lepper, 2006). 리앤펑은 어떠한 물품을 인도받기를 원하는 소비자를 찾아서, 해당 물품을 생산할 수 있는 생산자와 연결시켜주는 작업을 수행한다. 리앤펑의 핵심은 소비자와 생산자 간의 브리지 역할을 함으로써 가능하다. 물론 시간이 지난다면, 소비자와 생산자가 직접 관계를 맺고 리앤펑을 배제하려고 할 것이다. 하지만 그때는 리앤펑은 더 경쟁력 있는 새로운 생산자 노드를 찾아서 소비자에게 제안함으로써, 그들이 제공하는 서비스의 경쟁우위를 다시 회복한다.

리앤펑이 성공적으로 비즈니스 네트워크를 이용한다면, 반대로 IBM의 사례는 자신이 속한 비즈니스 네트워크를 조정하려고 했던 기업의 실패 사례를 보여준다. 1960년대와 70년대 시장에 가장 먼저 산업용 컴퓨터를 선보였던 IBM은 자신이 속한 소프트웨어와 하드웨어 네트워크를 지배하고자 했다. 때문에 IBM 컴퓨터에서 사용이 가능한 하드웨어와 소프트웨어의 개발과 판매는 모두 IBM을 거쳐야만 가능하였다. 즉 IBM은 비즈니스 네트워크를 조정하기 위해 생산자층과 소비자층 사이에서 강력한 브리지가 되기를 원했던 것이다. 그러나 이러한 전략은 네트워크 상에서 쏠림 현상을 유발하고, 이는 네트워크를 구조적으로 비효율적으로 변화시켰다. 모든 주체의 흡수능력에는 한계가 있으므로 IBM과 연결되어 있는 무수히 많은 주체가 보내는 정보를 IBM 혼자서 처리하는 것이 쉽지 않았음을 생각할 수 있을 것이다. 이와 같이 집중화되어 있는 네트워크에서는 혁신이 발생하기 힘들며, 역동성이 떨어지는 경향을 보인다. 결국 이러한 시도는 IBM이 속한 네트워크의 혁신성과 속도를 떨어트렸고, IBM은 시장의 선도 위치를 잃게 되었다. 기업은 속한 네트워크에 따라 선별적으로 상이한 정도의 영향력을 미쳐야 한다(Tunisini, 1997).

그러나 비록 IBM의 사례가 실패 사례이긴 하지만, 특정 주체가 비즈니스 네트워크를 주도하려는 시도 자체가 항상 부정적인 것은 아니다. 하지만 이를 위해서는 해당 비즈니스 네트워크가 속한 환경에 대한 이해를 동반한 전략이 필요하다. 리앤펑은 IBM의 사례와 마찬가지로 자신의 비즈니스 네트워크에서 브리지 위치를 선점하고자 하였다. 하지만 두 회사는 이를 위해 상이한 전략을 취했다. 리앤펑은 더 매력적인 조건을 상대방에서 제시함으로써 자연스러운 방법을 취했던 반면, IBM은 상대방을 강하게 조정하고 감시하려 했다는 점이 차이점이라고 할 수 있다. 또한 리앤펑이 유형의 재화를 다룬다면, 소프트웨어를 다루는 IBM은 더 대체가능성이 높은 경우이다. 어쩌면 IBM역시 리앤펑과 같이 부드러운 방법을 취했다면, 다른 결과를 낼 수도 있었을 것이다(Håkansson & Ford, 2002). 우리는 두 사례를 통해 비즈니스 네트워크 상에서 기업들은 '현재 당사의 네트워크 내에서의 위치'와 '다른 기업과의 연결성의 특징'에 대한 명확한 이해가 필요함을 알 수 있다.

한편, 좋은 비즈니스 네트워크를 구성하기 위하여 많은 기업들은 시너지가 있을 것이라 생각되는 기업들과 인수, 합병하기도 한다. 다임러사와 크라이슬러의 합병 사례를 살펴보자. 1990년대 말 독일의 다임러사는 큰 시너지를 낼 것이라고 업계의 기대 속에서 미국의 자동차 회사인 크라이슬러사를 합병하였다. 상이한 두 기업의 문화에서 비롯된 부조화는 해당 합병을 실패로 이끌었다. 이러한 문화 차이는 기업 신념이나 형식적인 절차와 같은 핵심적인 가치 외에도 회의 진행 방식과 같은 사소한 부분도 포함하고 있다. 다임러사의 독일식 기업문화가 미국식의 크라이슬러사에 접목되자, 크라이슬러사의 사기는 바닥으로 떨어졌다. 심지어 크라이슬러 사의 직원들 사이에는 '다임러 크라이슬러사의 발음에서 크라이슬러는 묵음이다.'라는 식의 농담까지 도는 상황이었다. 결국 2000년대에 들어와 크라이슬러에 대한 재매각이 추진되었고, 2007년 다임러는 크라이슬러를 60억 달러에 매각할 수 있었다. 이와 같이 현재보다 더 효율적인 비즈니스 네트워크를 구성하기 위해서는 네트워크 참여자들 간에 기업 문화나 기업 가치가 얼마나 유사한지를 의미하는 다름의 정도가 매우 중요하다. 다름의 정도가 낮을수록 비즈니스 네트워크를 구성하는 비용이 낮아질 것이다(Williamson, 1979). 또한 다름의 정도는 실제 두 참여자 간의 물리적인 거리를 의미할 수도 있는데, 거리가 멀어질수록 운송비나 기타 비용이 증가하는 것은 자연스러운 현상이며, 이는 비즈니스 네트워크의 유기성을 낮추는 역할을 할 것이다. 설사 이를 극복하고 비즈니스 네트워크가 성공적으로 작동한다고 하여도, 해당 네트워크가 생산하는 가치는 유사성이 높은 기업들로 이루어진 비즈니스 네트워크가 생산하는 그것의 가치보다는 낮을 것이다. 방금 사례에서 살펴보았듯이 다름의 정도가 심한 기업들로 구성된 네트워크는 깨지기도 한다. 더 많은 예시는 http://www.globoforce.com/gfblog/2012/6-big-mergers-that-were-killed-by-culture/에서 찾아볼 수 있다.

4. 가치 창출의 새로운 모드로써의 네트워크

1) 좋은 네트워크란 무엇인가?

잘 구축된 네트워크일수록, 각 행위자들이 서로의 자원을 교환하는데 적은 비용이 들고, 개별 주체는 더 넓은 시야를 가진다. 더불어 교환 활동에서의 손실의 감소량은 다른 부문에 사용될 수 있기 때문에, 동일한 자원으로도 더 많은 이익을 기대할 수 있다. 또 각 행위자들의 밀접한 관련성은 해당 네트워크를 민첩하게 하며, 이는 외부환경의 변화에도 더 빠르게 적응할 수 있는 능력을 부여할 것이다. 초연결사회에서는 다양한 네트워크들이 실시간으로 만들어지기도 하고 사라지기도 한다. 이렇게 많은 네트워크들이 좀 더 효율적인 상호작용을 하기 위해서는 좋은 네트워크를 형성하는 것이 중요하다. 그렇다면 어떻게 구성된 네트워크가 좋은 네트워크라고 정의될 수 있을까? 앞에서 살펴본 여러 가지 네트워크의 특징이나 성질을 통해 우리는 좋은 네트워크, 잘 짜인 네트워크는 어떤 것인지에 대한 논의를 시작해 볼 수 있다.

누구나 쉽게 생각할 수 있듯이 네트워크가 존재하지 않을 때보다, 네트워크가 존재함으로써 구성원들의 이윤이 증가한다면 좋은 네트워크라고 할 수 있을 것이다. 하지만 이런 모호한 기준보다는 좀 더 계량적인 기준에 대해 생각해보는 것이 더 적절할 것이다. 우리는 지금까지 네트워크란 주체들 간의 관계 집합이라는 것을 계속해서 확인해왔다. 여기서 우리는 좋은 네트워크를 판단하는 데에는 행위자들이 어떻게 관계를 맺고 있는지를 살펴보는 것이 중요하다는 것을 알 수 있다. 즉, 단순히 행위자들의 생성과 소멸을 살펴보는 것보다, 각 행위자들이 어떤 특성을 가지고 연결되어 있는지를 살펴보아야 한다.

행위자들 간의 관계성을 살펴볼 때 가장 쉽게 생각할 수 있는 것은 '해당 네트워크에서 각 행위자들이 다른 행위자들과 얼마나 많은 관계를 맺고 있는지', 즉, '몇 명과 관계를 맺고 있는지'이다. 그렇다면 무조건 많은 수의 관계를 가지고 있는 네트워크가 좋은 것일까? 이에 대한 대답은 어떠한 관계를 기준으로 하는지에 달려있다. 일반적으로 한 명의 행위자가 맺을 수 있는 관계는 두 가지로 구분된다. 한 주체가 다른 행위자들의 영향을 많이 받고 그들의 기술 및 능력을 흡수하는 관계(Incoming edge)와 반대로 다른 행위자들에게 영향을 미치는 관계(Outcoming edge) 두 가지로 구성되어 있다. 전자는 한 행위자가 새로운 문화나 기술들을 흡수할 수 있는 능력에 한계가 있기 때문에 일정 수준 이상으로 증가하지 못한다. 그러나 반대로 후자의 경우에는 네트워크 행위자들의 처리 능력과는 무관하기 때문에 한계점이 전자보다 훨씬 높다(Braha & Bar-Yam, 2005). 또한 해당 네트워크의 재화가 무형의 재화일 경우에는 거의 무한에 수렴한다. 때문에 단순히 어떤 네트워크에서 행위자들끼리 맺고 있는 모든 관계의 수를 보기보다는, 한 행위자의 강한 관계의 수와 약한 관계의 수의 비율을 보는 것이 좋은 척도가 될 수 있다.

'상황에 맞는 변경 능력'도 좋은 네트워크를 판별하는 좋은 척도라고 할 수 있다. 해당 네트워크가 마주하는 목표는 항상 변하기 때문에, 네트워크적 시각에서 필요한 행위자를 네트워크에 새롭게 편입시키고, 필요 없어진 행위자와의 관계를 끊어내는 일련의 과정이 필요하다. 더불어 이러한 과정은 빠른 시간 내에 이루어져야 한다(Goldman, Nagel, & Preiss, 1995; Dong-mei & Shu-yong, 2013). 때문에 네트워크는 항상 주요한 예비 주체 후보들을 탐색하여야 한다. 또한 목표가 변경됨에 따라 제외되는 주체와의 관계는 빨리 정리할 수 있어야 하는데, 이러한 불필요한 관계가 다른 행위자와의 관계에서 필수적인 재화의 흐름을 막을 수 있기 때문이다.

또한 새로운 행위자와 관계를 맺는 명목적인 관계의 시작 외에도 실질적인 운영능력의 수반을 필요로 한다. 이를 위해서는 네트워크 내의 공통적인 규칙이 필요할 수도 있으며, 그리고 명확한 모듈화가 필요하다. 이는 이후 발생할 수 있는 네트워크 군의 재구조화를 위해서이다(Hoogeweegen, Teunissen, Vervest, & Wagenaar, 1999).

우리는 네트워크의 구조, 상황에 맞는 네트워크 변경 능력, 네트워크 운영능력이 좋은 네트워크를 평가하는 척도로 사용될 수 있음을 살펴보았다. 다만 각각의 요소들이 모두 상대적이기 때문에 어떤 네트워크의 상태가 절대적인 우위에 있다고 단언하는 것은 좋지 않다. 보다는 어떤 산업에서 좋은 네트워크라고 분류되는 네트워크들의 특징을 추려내어 생각하는 것이 더 효과적인 방법이 될 것이다.

2) 네트워크와 플랫폼

조연결 사회에서는 원하는 사람들과 다양한 방면에서 자유롭게 네트워크를 형성할 수 있다는 장점이 있다. 하지만 한편으로는 네트워크의 중요성에 대해서 많은 사람들이 인식하게 되면서 기업 및 소비자들은 좋은 네트워크를 형성하려고 노력하고, 자신들이 만든 좋은 네트워크의 진입장벽을 높여 네트워크에서 나오는 이윤을 독점하려는 경향도 존재한다. 그렇기 때문에 잘 짜인 네트워크에 새로운 주체가 진입하려고 할 때 이 주체에게 큰 진입 비용을 요구할 수 있다. 이는 장시간에 걸친 다른 행위자들과의 상호작용을 요구하며 사회 전체의 입장에서는 자원을 불필요하게 낭비하는 것이다. 때문에 개별 행위자의 입장에서, 진입 비용을 낮출 수 있는 방안을 찾는 것은 중요한 일이다. 더불어 사회적으로도 쉽게 네트워크에 편입될 수 있는 장치를 마련하는 것은 중요한데, 혁신적인 요소가 항상 잘 짜인 네트워크 속의 주체들에게서만 나온다는 보장은 없기 때문이다. 만약 네트워크 진입 비용이 높아 적시에 네트워크에 편입되지 못한다면, 해당 요소를 발견한 주체의 시각에서는 더 많은 이윤을 얻을 수 있는 기회를 잃어버리는 것이고, 사회적인 시각에서는 좋은 기술을 더 일찍 보편화시킴으로써 얻을 수 있는 공익을 감소시키는 일이 될 것이다.

때문에 근래에는 필요한 주체에게 잘 짜인 네트워크에 쉽게 들어갈 수 있는 서비스를 제공하는 플랫폼에 대한 관심이 많아지고 있다. 플랫폼을 네트워크적인 시각으로 정의한다면, "사전에 정해진 네트워크의 성격과 주체들 간의 활동에 대한 공통의 규칙에 대한 동의를 한 주체들의 네트워크" 정도로 표현할 수 있을 것이다. 주체들은 해당 플랫폼에 들어감으로써, 더 쉽게 네트워크를 구성할 수 있다. 또한 동일한 플랫폼 내에서는 공유하는 요소가 많기 때문에, 더 빠른 시간에 잘 짜인 네트워크로 발전할 수 있다(Simon & Joel, 2011). 이렇게 플랫폼을 사용하면 각 주체들 간의 공통분모가 많아지기 때문에, 새로운 요소의 확산 속도가 더 빨라진다. 물론 빠른 확산 속도는 불필요한 자원 낭비를 줄여준다는 장점이 있을 수 있지만, 부적절한 요소의 확산 속도 역시 빠르게 진행된다는 단점이 있다. 따라서 플랫폼을 구성하기 이전에 이를 통제할 수 있는 제도나 제3자의 개입이 필요하다.

우리는 지금까지 좋은 네트워크의 조건들을 살펴보았고, 네트워크의 다음 방향인 플랫폼에 대해서 알아보았다. 앞서 언급된 바와 같이 잘 짜인 네트워크는 다양한 요소에 의해 정의될 수 있으며, 다양한 장점을 가지고 있다. 하지만 이러한 네트워크를 구성하거나 그 구성원이 되기 위해서는 많은 비용이 필요하다. 또한 자생적으로 발생한 네트워크의 경우에는 해당 네트워크의 구조나 성질이 어떻게 진화될지 예상하기 힘들다. 이는 네트워크의 긍정적인 역할을 가릴 수 있는 위험에 해당한다. 플랫폼은 이러한 부분을 극복하기 위한 시도로 볼 수 있다. 지금까지의 사항들을 종합해보면, 좋은 네트워크란 새로운 가치 창출의 기반이 되는 플랫폼으로서의 역할을 충실히 할 때 좋은 네트워크라고 볼 수 있을 것이다.

참고문헌

김광석, 권보람, 최연경(2017). 4차 산업혁명과 초연결사회, 변화할 미래 산업. (삼정KPMG 경제연구원).
김대호, 최선규, 이재신, 신동희, 안재현, 전경란, 이상우, 김성철, 김도연, 심용운(2014). 〈ICT 생태계〉. 서울: 커뮤니케이션북스.
두산백과. 고객관계관리. URL: http://www.doopedia.co.kr/doopedia/master/master.do?_method=view&MAS_IDX=101013000872377
송경재(2009). 네트워크 시대의 시민운동 연구. 현대정치연구, 2(1), 55-83.
이호영, 김희연, 김사혁, 최항섭(2015). 초연결사회의 지속가능성을 위한 사회문화적 조건과 한국사회의 대응(Ⅰ) 총괄보고서. (정보통신정책연구원).
중대신문. (2000, 3, 13). 시민운동의 진보를 위하여(1)네트워크를 제안한다-시민운동, 이질적 조직들의 참여와 연대로 변화. URL: http://news.cauon.net/news/articleView.html?idxno=3017
한국정보화진흥원(2013). 창조적 가치연결, 초연결사회의 도래.
홍성욱(2002). 〈네트워크 혁명, 그 열림과 닫힘〉. 서울: 들녘.
Achrol, R. S. (1997). Changes in the theory of interorganizational relations in marketing: Toward a network paradigm. *Journal of the academy of marketing science, 25(1)*, 56-71.
Agarwal, V., Petrini, F., Pasetto, D., & Bader, D. A. (2010, November). *Scalable graph exploration on multicore processors*. In Proceedings of the 2010 ACM/IEEE International Conference for High Performance Computing, Networking, Storage and Analysis (pp. 1-11). IEEE Computer Society.
Anderson, J. C., Håkansson, H., & Johanson, J. (1994). Dyadic business relationships within a business network context. *Journal of Marketing, 58*, 1-15.
Borgatti, S. (2005). Centrality and network flow. *Social Networks, 27(1)*, 55-71.
Braha, D. & Bar-Yam, Y. (2005). Information flow structure in large-scale product development organizational networks. In P. H. M. Vervest, E. van Heck, K. Preiss, & LF Pau (Eds.), *Smart business networks* (pp. 105-125). Berlin

Heidelberg: Springer.
Burt, R. S. (2009). *Structural holes: The social structure of competition.* Harvard university press.
Davidow, W. H. (2011). *Overconnected: The promise and threat of the internet.* 김동규 (역) (2012). 〈과잉 연결 시대: 일상이 된 인터넷, 그 이면에선 어떤 일이 벌어지는가〉. 서울: 수이북스.
Domingos, P. & Richardson, M. (2001, August). *Mining the network value of customers.* In Proceedings of the seventh ACM SIGKDD international conference on Knowledge discovery and data mining (pp. 57-66). ACM.
Dong-mei, F. & Shu-yong, H. (2013, July). *Research on the self-organization evolution of project organization system.* In Proceedings of the Management Science and Engineering (ICMSE), 2013 International Conference (pp. 993-998). IEEE.
Dubois, A. (2006). *Organizing industrial activities across firm boundaries.* London, New York: Routledge.
Dyer, J. H. (1996). Specialized supplier networks as a source of competitive advantage: Evidence from the auto industry. *Strategic management journal, 17(4)*, 271-291.
Dyer, J. H. & Nobeoka, K. (2000). Creating and managing a high-performance knowledge-sharing network: the Toyota case. *Strategic Management Journal, 21(3)*, 345-367.
Emerson, R. M. (1976). Social exchange theory. *Annual Review of Sociology, 2(1)*, 335-362.
Fredette, J., Marom, R., Steinert, K., & Witters, L. (2012). The promise and peril of hyperconnectivity for organizations and societies. *The Global Information Technology Report 2012* (pp. 113-119). World Economic Forum.
Goldman, S. L., Nagel, R. N., & Preiss, K. (1995). *Agile competitors and virtual organizations: Strategies for enriching the customer.* New York, NY: Van Nostrand Reinhold.
Granovetter, M. (1973). The strength of Weak Ties. *American Journal of Sociology, 78(6)*, 1360-1380.
Håkansson, H. & Ford, D. (2002). How should companies interact in business networks?. *Journal of Business Research, 55(2)*, 133-139.
Holmlund, M. & Törnroos, J. Å. (1997). What are relationships in business networks?. *Management Decision, 35(4)*, 304-309.
Hoogeweegen, M. R., Teunissen, W. J., Vervest, P. H., & Wagenaar, R. W. (1999). Modular network design: Using information and communication technology to allocate production tasks in a virtual organization. *Decision Sciences, 30(4)*,

1073-1103.

Hoogeweegen, M. R., van Liere, D. W., Vervest, P. H., van der Meijden, L. H., & de Lepper, I. (2006). Strategizing for mass customization by playing the business networking game. *Decision Support Systems, 42(3)*, 1402-1412.

Johnston, R. & Lawrence, P. R. (1991). Beyond vertical integration-the rise of the value-adding partnership. In Thompson, G., Frances, J., & Levacic, R. (Eds.), *Markets, hierarchies and networks: The coordination of social life* (pp. 193-202). Sage, London.

Kempe, D., Kleinberg, J., & Tardos, É. (2003, August). *Maximizing the spread of influence through a social network*. In Proceedings of the ninth ACM SIGKDD international conference on Knowledge discovery and data mining (pp. 137-146). ACM.

Linden, G., Smith, B., & York, J. (2003). Amazon.com recommendations: Item-to-item collaborative filtering. *IEEE Internet Computing, 7(1)*, 76-80.

Lorenzoni, G. & Lipparini, A. (1999). The leveraging of interfirm relationships as a distinctive organizational capability: A ongitudinal study. *Strategic Management Journal, 20(4)*, 317-338.

Padgett, J. & Ansell, C. (1993). Robust action and the rise of the medici, 1400-1434. *American Journal of Sociology, 98(6)*, 1259-1319.

Rygielski, C., Wang, J., & Yen, D. (2002). Data mining techniques for customer relationship management. *Technology in Society, 24(4)*, 483-502.

Simon, P. & Joel, M. (2011). *The age of the platform: How Amazon, Apple, Facebook, and Google have redefined business*. Motion Publishing.

Spielman, D. A. & Teng, S. H. (2013). A local clustering algorithm for massive graphs and its application to nearly linear time graph partitioning. *SIAM Journal on Computing, 42(1)*, 1-26.

Stacey, R. D. (1996). *Complexity and creativity in organizations*. Berrett-Koehler Publishers.

Tunisini, A. (1997). *The dissolution of channels and hierarchies: An inquiry into the changing customer relationships and organization of the computer corporations*. Unpublished doctoral dissertation, Acta Universitatis Upsaliensis. Uppsala, Sweden.

Williamson, O. E. (1979). Transaction-cost economics: The governance of contractual relations. *Journal of Law and Economics, 22(2)*, 233-261.

2장 네트워크 격차 해소와 디지털 리터러시

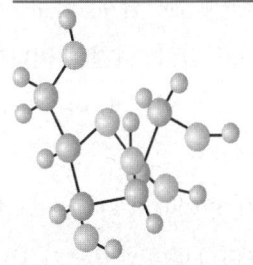

황용석·김양은

1. 디지털미디어의 등장과 사회 변화

 2010년 스마트폰의 등장은 미디어환경뿐만 아니라, 사회내의 다양한 분야에서 변화를 가져왔다. 소셜네트워크서비스로 불리는 미디어 서비스의 등장은 경제 효과뿐만 아니라, 사회 전반에 인간관계, 커뮤니케이션 방식 등 다양한 문화적 변화를 불러일으키고 있다. 디지털 미디어가 일으키는 다양한 사회변화의 중심에는 네트워크가 있으며, 이러한 네트워크가 일으키는 사회변화를 파악할 필요가 있다.
 미디어 기술의 발달이 가져온 변화는 다양한 영역에서 나타난다. 최근 지하철이나 버스와 같은 대중교통수단을 이용하다보면 대부분의 사람들이 스마트폰, 스마트패드 등의 스마트기기를 이용하고 있는 모습을 발견할 수 있다. 과거에는 종이책이나, 음악을 듣는 사람들을 종종 발견할 수 있었지만, 이제는 이 모든 콘텐츠들을 스마트기기들이 대체하고 있다. 최근 소셜(social)로 설명되는 모든 미디어 변화들에는 인간의 만남의 방식에 대한 논의들이 포함되어있다. 소셜 미디어라고 불리는 새로운 미디어들이 등장하고, 스마트기기와 결합되면서 인간은 소위 사람들과 관계를 맺는 방식뿐만 아니라, 정보를 공유하고 형성하는 방식에서도 변화를 일으키고 있다. 인터넷이 등장하면서 논의되었던 컴퓨터매개커뮤니케이션 담론들을 상기해보면, 카카오톡, 마이피플, 라인 등의 문자와 메신저가 결합된 커뮤니케이션 방식은 분명한 차이점을 지니고 있다. 그리고 단지 무료라는 비용절감의 효과 이외에도 사람들과의 소통 방식과 마케팅 방식을 변화시키고 있다.
 전통 미디어는 시공간이 제한적이며 정보제공자에서 수용자에게로 향하는 일방향적 커뮤니케이션 방식으로 인해 수용자가 수동적으로 정보 습득을 하는 데 머무는 한계를 드러낸다. 이에 반해, 디지털 미디어는 확장성 커뮤니케이션 수단으로서 상호작용성이 비약적으로 진화되어, 타인과의 커뮤니케이션 활동을 최적화함으로써 정보의 공유, 확산, 정보생산에 협력 및 참여로 대변되는 이용자 지향적인 특성이 더욱 강화된 테크놀로지를 의미한다(황용석·이현주·박남수, 2014).

기술의 발전, 그리고 이들의 영향력이 특정 분야에 국한된 것이 아니라, 사회전반에 변화를 양기시키고 있다는 점에서 기술사회에서의 기술과 인간의 관계설정, 그리고 가치, 철학 등에 대한 논의가 제기되고 있기도 하다. 최근 주목받는 개념으로 등장하고 있는 IOT, IOE도 이러한 관점에서 들여다볼 필요가 있다. 소위, 인간과 사물, 서비스 세 가지 분산된 환경 요소에 대해 인간의 명시적 개입 없이 상호 협력적으로 센싱, 네트워킹, 정보 처리 등 지능적 관계를 형성하는 사물 공간 연결망을 IOT라고 명명하고 있는데, 결국 인간과 인간의 커뮤니케이션뿐만 아니라, 인간과 사물을 연결시키는 기술에 대한 논의이다. 이런 점에서 기술사회를 살아가는데 필요한 역량에 대한 논의가 필요한 시점이다.

2. 네트워크 격차에 대한 이론적 접근

1) 디지털 기술의 등장과 접근성

디지털 미디어의 등장과 함께 새로운 미디어 등장에 따른 이용자의 '격차'에 대한 논의가 주를 이루었다. 격차에 대한 논의의 대부분은 초기에는 새로운 기기의 등장과 이에 따른 소유에 따른 불균형에 집중하고 있었다. 실제로 디지털 미디어와 관련해서 격차와 관련해서는 다양한 입장과 논의들이 존재한다. 디지털 미디어의 등장과 관련해서 초기에는 디지털 미디어의 접근성에 기반한 격차를 논의하였다. 이는 새로운 미디어가 등장하면 이들 미디어에 대한 소유에 따른 접근성의 차이가 일차적으로 중요한 격차의 요인으로 등장하였기 때문이다. 디지털 미디어의 등장 초기에는 ICT에 대한 접근성이 있는 사람과 그렇지 못한 사람의 차이를 나타내는 접근 격차가 강조된다(Compaine, 2001). 즉, 새롭게 도입된 기기 및 서비스에 대한 접근성이 있는지의 여부가 디지털 시대의 격차를 결정하는 주요 원인이 된다.

〈표 2-1〉 디지털 격차 설명 프레임

수용단계	초기도입기	도약기	포화기
유형	접근여부에 따른 격차	사용여부에 따른 격차	사용의 질에 따른 격차
용어	초기 정보격차	양적 정보활용 격차	질적 정보활용 격차
특성 설명	접근 가능자와 불가능자간 격차	사용자와 비사용자 간 격차	사용자간 격차

출처: Szilzrd Molnar(2012) 도표로 재구성

이처럼 디지털 미디어의 보급에 따른 시기를 구분하고, 각 단계별로 정보격차를 분석하는 경향을 보이고 있다(Selwyn, 2004; Hargittai & Hinnant, 2008; 김문조·김종길, 2002; 김봉섭·김정미, 2009; 민영, 2011). 일반적으로 디지털 격차 연구의 접근은 디지털 기기의 보유, 구입가능성, 비용 등의 물리적 접근성에 기반한다. 이 같은 물리적 접근성은 일차적으로 디지털 격차 해소에서 중요하다. 디지털 미디어의 도입 초기에 이들 기기를 구입할 수 있는 경제적 능력은 인구통계학적 변인과 함께 디지털 격차를 낳는 주요 요인이기도 하다. 하지만, 디지털 미디어의 보급률이 높아지면서 이들 격차에 대한 논의는 기본적 접근성 격차의 감소 추세가 뚜렷해지면서 정보활용에 대한 질적 격차의 중요성을 지적하기 시작했다(Hargittai, 2002; 김문조·김종길, 2002). 실제로 디지털 미디어 기기와 서비스가 보급하

기 위한 정책들이 우선되고, 이 과정에서 기기와 서비스에 대한 접근성이 해소되면서 디지털 시대의 네트워크 격차에 대한 문제는 자주 사용하는 사람과 그렇지 못한 사람들 간의 활용 문제로 대두되게 된다.

2) 디지털기술의 활용 및 참여 격차

김문조·김종길(2002)은 정보격차를 발생영역에 따라 정보 접근성, 정보 활용성, 정보 수용성의 세 가지 유형으로 분류하고 있는데, 이 중에서 정보 활용성은 정보기술을 통해 원하는 정보를 획득하여 가공 처리할 수 있는 기술적 조건을 의미하며, 정보 수용성은 정보를 활용하여 삶을 풍요롭게 하는 지적 정서적 생활을 의미하는 개념이다. 디지털 시대의 정보격차에서 중요한 문제는 사용자의 역량이고, 고급기술역량을 가진 사용자들이 더 인터넷을 잘 활용한다(Hargittai, 2002). 따라서 접근성, 활용, 결과 측면에서 정보격차를 고려되어야한다.

디지털사회에서 정보에 대한 격차가 중요한 이슈로 떠오르는 이유는 정보처리, 통합, 사회적 참여 등에 이르는 과정에서 디지털 기술이 활용되면서 사회 내에서의 정보 소유와 활용에 따른 사회적 격차가 발생한다는데 있다. 즉, 정보 접근, 활용, 수용의 격차가 사회의 불평등을 낳는 요인이라는 점이다. 초기의 기기와 서비스에 대한 접근성뿐만 아니라, 디지털 기술의 활용을 통해서 2차적인 불균형이 사회 내에서의 격차를 낳게 되는 것이다. 많은 학자들은 디지털 격차의 확장적 개념에 집중하는 데는 물리적 격차로 인한 사회적 불평등과 배제는 디지털 미디어의 보편적 접근(universal access)으로 완화되더라도, 디지털 미디어가 제공하는 다양한 콘텐츠나 기능을 제대로 활용할 수 있는 사람과 그렇지 못한 사람의 격차는 정보접근이나 정치참여를 비롯한 다양한 기회에서 배제될 가능성이 크다는데 그 이유를 찾고 있다(황용석·이현주·박남수, 2014).

디지털 시대의 정보 격차와 관련된 논의에서 활용에 대한 개념은 이용자와 비이용자간의 양적 활용격차와 이용자들 간에서 발생하는 질적 활용격차들로 나뉠 수 있다. 특히 질적 활용격차에는 '참여'라는 이슈가 포함된다. 하지타이와 왈레이코(Hargittai & Walejko, 2008)는 접근성이나 온라인 기술과 다른 차원으로 '참여 격차(participation divide)'라는 개념을 제시하였는데, 이 때 참여는 주로 정보 생산과 공유 활동을 의미한다. 하지만 최근에는 소셜 미디어의 등장과 관련해서 참여의 개념을 좀 더 사회적 참여의 개념으로 확장해서 제시하기도 한다. 코레아(Correa, 2010)는 디지털 미디어의 질적 활용에서 소셜 네트워킹 사이트 사용하기, 지역 소식 전하기, 온라인 토론에 참여하기 등의 구체적인 활동을 제시하고 있다. 이 같은 디지털 미디어를 통한 참여에 대한 개념은 소셜 미디어의 활성화와 함께 좀 더 구체적인 참여 행위들로 확대되고 있다. 특히, 소셜 미디어로 인해 강화된 네트워크에서의 연결성과 협업, 공유에 대한 논의들이 제기되고 있다. 따라서 디지털 격차와 관련된 논의에서도 네트워크 능력에 대한 논의들이 있다. 김이수(2015)의 연구에 따르면, 인터넷 사회 참여 및 경제참여 활동의 질과 지속성을 위해서는 네트워킹 능력을 제고할 필요가 있는 것으로 분석되었다. 이 연구에서는 네트워킹 능력으로 사회관계 능력으로 규정하고 있고, 인터넷을 통한 사회관계의 유지 및 확장 활동을 제시하고 있다. 소셜 미디어의 등장은 인간관계의 형성과 커뮤니케이션 방식에서도 차이와 변화를 가져왔다. 온라인, 오프라인에서의 인간관계의 형성과 커뮤니케이션 방식의 차이, 그리고 소셜네트워크서비스의 연결망을 통한 정보생산, 공유, 협업 등의 다양한 사회적 활동이 변화하고 있다. 따라서 소셜 미디어가 구성하는 연결사회에서 이용자들 간의 격차에 대한 논의에서 네트워크를 통한 정보, 관계, 커뮤니케이션 등에 대한 새로운 논의가 제기될 필요가 있다.

3. 네트워크 격차 해소를 위한 디지털 리터러시

1) 기술발달과 리터러시 개념

리터러시는 각기 다른 사회나 문화권에서 그리고 시대에 따라서 서로 다른 의미로 정의되어지고, 이해되어져왔다. 원래 리터러시란 용어가 등장한 것은 문자언어의 인쇄가 가능해진 19세기 중반이었다. 당시의 리터러시 개념은 단순히 문자화된 기록물들을 통해 지식과 정보를 획득하고 이해할 수 있는 수준을 의미하는 것이었다(김양은, 2001). 그래서 초기의 리터러시는 공교육의 시작과 함께 인간의 가장 기본적인 능력인 읽고 쓰는 것에서부터 시작하였다. 하지만 리터러시의 개념은 도구적 차원의 읽고 쓰기에서 더 나아가 사회적, 문화적 차원의 의미를 가지고 있다. 따라서 리터러시 의 개념은 시대의 요구에 따라서 다양한 개념으로 정의된다.

한정선·오정숙(2006)에 따르면 리터러시는 과거에 요구된 리터러시에 과거의 새로운 기술이나 지식이 첨가되어지는 양상을 띠어왔다. 따라서 다양한 미디어의 등장과 기술발전에 따라서 리터러시의 개념도 발전해왔다.

김양은(2001)에 의하면, 리터러시는 단지, 언어를 읽고, 쓰는 피상적인 의미만을 내포하고 있는 단어가 아니다. 리터러시는 일차적으로 시대적으로 혹은 그 사회 혹은 문화권에서 통용되는 커뮤니케이션 코드인 '언어'에 의해서 규정되어진다. 따라서 새로운 언어의 등장과 함께 과거와 연속성 속에서 새로운 리터러시 개념이 등장한다. 커뮤니케이션 기술의 발달은 미디어 리터러시 영역에서 다양한 개념들을 제기해왔다. 문자언어가 등장하기 이전부터 인간은 기억—발견으로부터 시작해서, 구두언어에서의 듣기—말하기가 커뮤니케이션을 위한 도구였다. 문자언어의 발달은 읽기—쓰기로의 리터러시 영역의 구분점을 가져왔고, 이는 시각언어 중심의 영상언어가 등장하면서 보기(시청)—제작으로 발전하였다. 이 과정에서 디지털언어의 등장은 디지털언어의 핵심인 '정보이용' — '정보작성'으로 인간의 커뮤니케이션 능력을 확장시켰다(김양은, 2009).

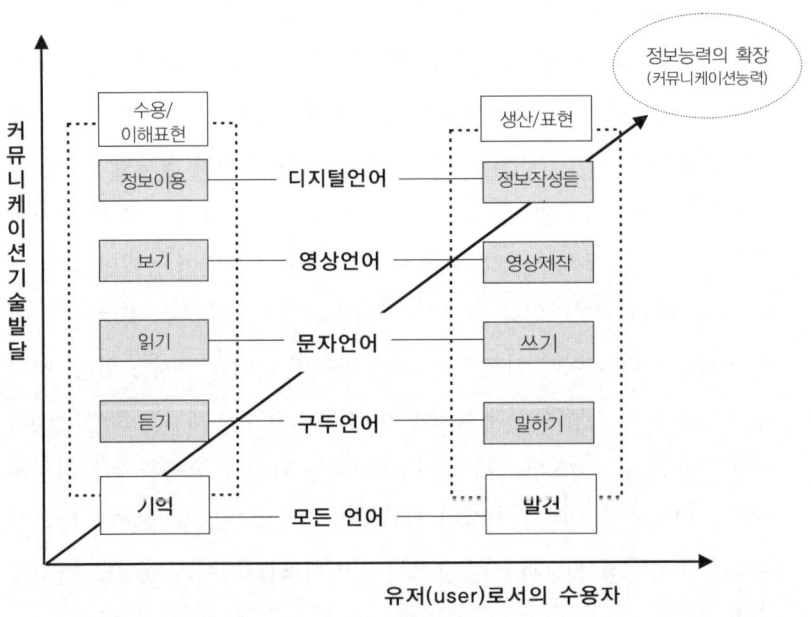

〈그림 2-1〉 커뮤니케이션 기술 발달과 리터러시 변화(김양은, 2009)

미디어발달에 의해 리터러시의 발전이 이루어졌다. 문자언어와 관련해서 문자리터러시가 제공되었다면, 영상미디어가 등장하면서 시각리터러시(visual literacy)의 개념이 등장했다. 시각리터러시는 다양한 미디어 속의 이미지를 이해하고 창조함으로써 효율적으로 커뮤니케이션하는 능력이라고 정의된다(Tyner, 1998). 시각리터러시와 함께 텔레비전리터러시가 언급되고 있다. 이는 영상미디어가 영상을 생산해내고, 이를 이용하는 이용자의 능력으로서 시각리터러시와 텔레비전 리터러시의 개념이 정의되어진 셈이다. 영상언어와 관련된 리터러시는 주로 시각리터러시와 텔레비전리터러시로 논의되어왔다. 시각리터러시는 시각적 사고, 시각적 학습, 시각 커뮤니케이션, 시각 예술로 개념을 확대해 왔으며, 텔레비전 리터러시는 텔레비전 매체에 대한 비판적 사고의 개념을 낳았으며, 시각 리터러시를 토대로 삼고 있다.

2) 디지털 리터러시 개념

컴퓨터와 인터넷의 등장은 컴퓨터리터러시의 개념을 낳았고, 이 과정에서 컴퓨터리터러시, 네트워크리터러시, 사이버리터러시, 정보리터러시 등 다양한 개념이 등장하였다. 디지털 사회 초기의 접근성과 관련한 논의에서 컴퓨터리터러시가 논의되었다. 디지털 기술이 등장하면서 개인화된 컴퓨터의 접근과 활용에 대한 내용을 담기 위해서 비교적 접근성과 도구적 활용을 그 개념으로 잡고 있으며, 기술적이고 전문적인 영역에서의 새로운 컴퓨터 언어에 대한 이해를 전제로 하고 있다.

디지털 미디어가 사회 내에 보급률이 높아지고, 보편적 서비스로 점차 이용되기 시작하면서 기술도구적 접근에서 활용에 초점을 둔 '정보리터러시'의 개념이 등장하였다. 초기의 정보리터러시 개념은 정보를 둘러싼 환경의 개념을 배제시킨 정보를 효과적으로 이용, 처리하는 능력이라고 규정하였지만, 점차 네트워크 리터러시 등의 개념으로 확대되면서 디지털 리터러시로 그 개념이 확장되기 시작했다.

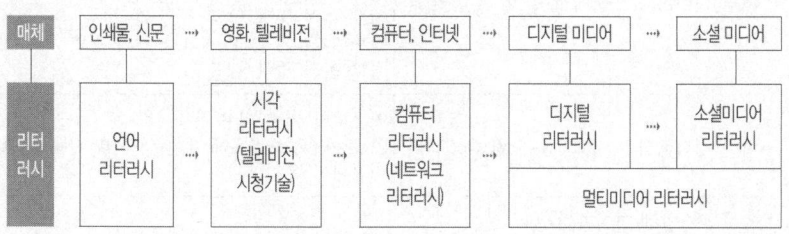

〈그림 2-2〉 미디어 발달과 리터러시 개념 변화(김양은·홍유진, 2013, 19쪽)

디지털 리터러시를 디지털 미디어를 통해 다양한 유형의 정보를 이해하고, 사용하는 능력으로 정의하고 있는데, 이는 인터넷에서 다양한 출처를 통해 찾아낸 정보 가치를 평가하는 비판적인 사고능력을 의미하고 있다(Gilster, 1997). 따라서 디지털 리터러시는 디지털화된 정보의 신뢰성을 평가·판단하고 자신이 필요로 하는 정보를 취사·선택, 편집·가공하는 과정을 통해서 새로운 지식을 창출하는 능력으로 정의하고 있다(유영만, 2002).

군터 크레스(Gunther Kress, 2003)은 리터러시를 3가지 차원에서 논의하고 있는데, 1) 말하기, 쓰기, 이미지, 제스처 등과 같은 메시지 생산 모드의 표상에 쓰이는 자원, 2) 리터러시, 구술성, 노래하기, 산술성, 컴퓨터리터러시, 미디어리터러시, 인터넷리터러시 등의 측면에서 메시지 생산에 관련된 자원의 사용, 3) 인터넷 출판과 같이 메시지로서의 의미유통을 위한 자원의 개입이 여기에 포함된다.

〈표 2-2〉 디지털 리터러시의 세 영역

리터러시 영역	미디어 능력 범주	세부지표
컴퓨터 리터러시	정보통신 기술 활용	기초컴퓨터 작동 능력 윈도우 조작능력 프로그램 활용 능력 인터넷 조작능력
정보 리터러시	정보활용 및 정보 창출	정보 필요성 인식 능력 정보검색 능력 정보 분석 능력 및 추출 능력 정보 분석 능력 및 활용 능력 정보 검색 과정 및 결과물 평가 능력 정보 윤리 평가 능력
지식 리터러시	정보 공유 및 의견교환	커뮤니티 기술 활용 능력 커뮤니티 정보공유에 대한 인식 및 활용 능력 커뮤니티 윤리 평가

출처 : 김민하·안미라(2003)

이는 리터러시를 정의하는 과정에서 표상으로서의 언어의 이해, 메시지 생산의 기술, 콘텐츠 생성과 유통이 고려되어야 함을 의미하는 것이다. 이런 관점에서 볼 때 디지털 리터러시는 초기의 컴퓨터리터러시와 정보리터러시를 포괄하는 개념이어야 한다. 따라서 김민하·안미라(2003)는 디지털 리터러시를 정보통신 기술 능력을 담은 컴퓨터리터러시, 정보활용 및 정보창출 능력을 담은 정보리터러시, 정보공유와 의견교환 능력을 담은 지식 리터러시의 3가지 영역으로 규정하고 있다.

한정선·오정숙(2006)은 디지털 리터러시의 영역을 기술적 리터러시(techmical literacy), 비판적 리터러시(critical literacy), 사회적 리터러시(social literacy)의 3가지로 나누고 있다. 기술적 리터러시에는 하드웨어, 소프트웨어, 인터넷, 디지털기술을, 비판적 리터러시에서는 내용, 인터페이스, 사용자의 3가지, 사회적 리터러시에서는 커뮤니케이션, 법, 네티켓의 영역으로 나누고 있다. 김양은(2001)은 디지털 리터러시를 1) 다양한 미디어의 조작능력 및 기술적 이해, 2) 미디어가 제시하는 의미에 대한 이해할 수 있는 능력, 3) 미디어를 사회 경험과 일상에서 활용할 수 있는 능력, 4) 미디어를 주체적으로 활용하는 것으로 자신만의 독특한 문화 및 커뮤니케이션 능력을 소유하는 것으로 규정하는 것으로 설명하고 있다. 정현선(2004)은 디지털 미디어 수용자/생산자의 인식과 감성에 대한 사회문화적 이해와 사회적 책임. 네트워크 능력과 지식·공유 능력으로 정의하고 있다.

디지털 리터러시는 디지털 사회를 살아가기 위해서 필요한 도구적 역량에서 디지털 사회를 이해하는 사회적, 비판적 역량을 포함하는 개념으로 확장되어 가고 있다. 디지털 기술의 융합환경에서 정보를 수집·활용·변형·생산하는 능력으로서의 통합적 리터러시 능력이 필요하다(안정임 2006; 김양은, 2016). 결론적으로 디지털 리터러시는 미디어를 활용하고 비판적으로 분석하고 평가하는 능력뿐만 아니라, 타인과 커뮤니케이션 할 수 있는 능력으로서 중요성을 갖고 있으며, 멀티플리터러시로 발전할 것이다(김양은, 2009; 김양은·홍유진, 2013; Meyrowitz, 1998; The New London Group, 1996).

소셜 미디어의 등장은 이를 더욱 가속화시키고 있는데, 소셜 미디어의 연결, 협업, 공유의 기반인 커뮤니케이션 능력과 네트워킹 능력이 더 강조되는 경향을 보이고 있다. 디지털 리터러시는 디지털 사회에서 일상의 삶과 미래에 대한 대처능력으로서, 그리고 디지털 미디어가 변화시키는 사회내의 커뮤니케이션, 인간관계 형성 등의 사회, 문화적 변화에 대한 이해와 성찰도 포함하고 있다.

4. 네트워크 격차 해소와 디지털 리터러시 교육

패스트레즈(Fastrez, 2009)는 리터러시를 기술적(technical)·인지적(cognitive)·사회적(social) 영역으로 구분하여 정의하였다. 이는 정보생산을 위한 기술적인 미디어 사용 능력(technical)뿐만 아니라 생산된 정보를 확산·공유하려는 의도(intention or cognitive)와 소셜 네트워크를 통해 타인과 공공의 의제를 공유하는 의지(social)를 포함하는 광의적 의미의 리터러시 개념을 제시하고 있다. 이는 디지털 리터러시의 개념에서 소셜네트워크를 통한 공유와 협업에 대한 개념이 확장되어 포함되어야함을 이야기하고 있는 것이다. 이런 추세는 다른 정의들에서도 발견되는데, 먼저, EAVI(2009)에서는 디지털 리터러시를 미디어사용능력, 정보의 비판적 해석능력, 의사소통능력으로 구분하고, "디지털 미디어를 통해 정보화 의견을 생산, 교환하며 나아가 사회의 공적 영역에 참여하는 능력"이라고 정의하고 있다. 또한 영국의 교육정보화(Education Technology) 전담 기관 JISC에서는 디지털 리터러시를 디지털정체성과 웹빙(Digital Identity and Wellbeing), 디지털 학습과 자기계발 정보(Digital learning and self development), 데이터 그리고 미디어리터러시(Information, data and Media Literacies), 커뮤니케이션, 협업, 참여(Communication, collaboration and participation), 디지털 창조, 혁신, 연구(Digital creation innovation and scholarship), ICT 숙련성(ICT Proficiency)의 6가지로 정의하고 있다. 이처럼 최근 디지털 리터러시에 대한 논의는 소셜 미디어의 연결, 협업, 공유, 소통에 초점을 맞추고 있다. 소셜 미디어의 등장과 함께 소셜 미디어 리터러시에 대한 논의들이 지목되면서 미디어리터러시를 매체에서 벗어나 사회문화적 요소들을 결합한 개념들을 제기하고 있다(권성호·김성미, 2011, 김양은, 2011, 안정임, 2010, Hobb, 2010, Rheingold, 2010, 2012).

안정임(2010)의 경우에도 소셜 미디어 리터러시의 개념에 포함되어야 할 요소로서 정체성, 프라이버시, 신뢰, 소유권과 저작권, 그리고 참여의 개념이 반영될 필요가 있다고 제시하고 있다. 김양은(2016)은 소셜 미디어 리터러시를 디지털 시대의 미디어리터러시의 개념으로 정의하고 있으며, 소셜 미디어 리터러시의 개념에는 소셜 미디어의 쟁점사항인 평판, 정체성, 소통, 인간관계, 정보판별, 협업, 사회적 참여 등을 포함시키고 있다. 라인골드에 의해서 제기되는 소셜 미디어 리터러시 영역도 바로 이런 관점에서 논의되어지고 있다. 라인골드는 주의(Attention), 참여(Participation), 협력(Collaboration), 네트워크 지식(Network Awareness), 비판적 소비(Critical Consumption) 등을 제기하고 있기도 하다(Rheingold, 2010, 2012).

홉스(Hobbs, 2010)는 미디어를 통한 참여적 소통에서는 단지 의견표현을 통한 참여행위뿐 아니라 타인의 의견과 생각을 존중하고 배려하는 태도, 보다 공공적인 이슈에 대한 지지행동 등 네트워크상의 소통능력, 관계형성 능력이 매우 중요하다고 지적하고 있다. 이처럼 최근 디지털 리터러시 교육과 관련해서는 소셜 미디어의 이용을 통한 네트워킹 능력과 이를 통한 참여에 대한 논의들을 다루고 있다. 이는 디지털 시대의 리터러시의 개념이 이용자들의 사회적 참여, 시민의식 확보 등의 차원으로 확대됨을 말하고 있다. 파울 미하일리디스(Paul Mihailidis, 2014)는 모바일기기와 소셜 미디어를 통한 확산성이 시민참여의 가능성을 높여주고 있기 때문에 디지털 리터러시에서 참여에 대한 교육이 필요함을 말하고 있다. 랑크셔와 노블(2003)의 '뉴리터러시' 개념에서도 멀티텍스트를 둘러싼 새로운 미디어가 만들어내는 문화적 특성, 즉 협동, 참여, 분산, 전문영역의 분배를 반영을 제시하고 있으며, 젠킨스는 '참여문화'에 주목하면서 21세기의 디지털시대의 미디어리터러시 영역을 디지털 참여문화의 구성요소로서 설명하고 있다.

21세기 교육역량과 관련한 논의들에서 디지털 리터러시가 언급되어지고 있으며, 이를 위한 교육이 설계되고 있다 영국의 퓨처랩(Futurelab)의 경우에 핵심 역량으로 정보 리터러시, 미디어 리터러시, ICT 리터러시를 언급하고 있으며, 이들은 21세기 학습자를 위한 역량 프레임워크(Partnership for 21st Century skills, 2009, 2013)에도 포함되어 있다. 이 영역들은 모두 디지털 리터러시와 연관성을 갖고 있다. 최근에는 디지털 리터러시는 개념 확장과 함께 디지털 시민성(Digital Citizenship) 교육으로 논의되고 있다. 미국의 'Common on sense Media' 저널(2009: 1-3)은 디지털 시민성과 이를 위한 전략을 큰 틀에서 제시하고 있는데, 여기서 디지털 시민성이란 '네트워크에 기반하여 시민들이 구성한 내용과 그들의 행위에 대하여 책임감을 갖는 것'으로 정의하고 있다. 리블(Ribble, 2015)은 디지털 시민성의 속성을 학교교육과 연관해서 크게 존중, 교육, 보호의 3가지로 구분하고 있는데, 특히 교육에서 디지털 커뮤니케이션·디지털 사용능력·디지털 소비자의 3가지를 다루고 있다.

디지털 미디어가 사회전반에 걸쳐 변화를 일으키고 있으며, 그 영향력이 도구와 서비스적인 측면뿐만 아니라 인간관계에서부터 사회, 경제, 정치 전반에서 영향을 미친다는 점을 감안하면 디지털 리터러시는 사회 내에서 발생하는 격차를 해소하기 위한 개인 역량의 향상이 필수적인 요소일 것이다. 셀롯(Celot, 2009)은 온라인을 통한 민주적 시민성 확립과 참여증진을 위한 시민주의 능력을 네트워킹(Networking)에 두고 있다. 따라서 디지털 리터러시는 네트워크 시대의 격차해소를 위해서 개인의 디지털 리터러시 역량강화를 위한 교육과 결합된다. 디지털 리터러시는 미래교육에서 도구로서의 기능뿐만 아니라 디지털 리터러시 자체가 교육의 핵심 목표가 되고 있음을 알 수 있다(전경란·김양은·김아미, 2015). 디지털 리터러시는 디지털 등장 초기부터 지속된 디지털이 발생하는 다양한 격차의 해소 전략에서 해결방안으로 언급되어 왔으며, 이는 향후 미래사회를 대처하기 위한 역량이기도 하다. 따라서 연결사회에서 심화될 다양한 네트워크 역량으로 인한 격차들을 해소하기 위해서는 디지털 리터러시의 교육이 필요하다.

참고문헌

권성호·김성미(2011), 소셜 미디어 시대의 디지털 리터러시 재개념화 ;젠킨스의 '컨버전스'와 '참여문화'를 중심으로, 〈미디어와 교육〉 1(1), 65-82
김문조·김종길(2002). "정보격차(Digital Divide)의 이론적·정책적 재고," 〈한국사회학〉 36집, 4호, 123-155.
김민하, 안미리 (2003). 디지털 리터러시 능력 확인을 위한 문항개발 및 능력 평가. 〈교육정보미디어〉, 9(1), 150-192.
김봉섭·김정미. (2009). "노년층의 정보격차 결정요인 연구 : 정보기술수용모형을 중심으로". 〈사회과학연구〉. 35(2), 193-222.

김양은(2001), 〈미디어환경변화에 따른 미디어교육에 관한 연구〉, 중앙대학교 박사학위 청구논문.
김양은(2009), 〈디지털시대의 미디어리터러시〉, 커뮤니케이션북스
김양은(2016), 〈소셜 미디어 리터러시〉, 커뮤니케이션북스
김양은·홍유진(2013), 미디어리터러시의 국내외 동향 및 정책방향, 〈KOCCA포커스〉, 67호, 한국콘텐츠진흥원.
김양은·전경란·김아미·배은주·박한철(2014). 〈미디어를 활용한 창의적 체험활동 프로그램 개발 연구〉. 한국언론진흥재단
김이수(2015), 정보격차가 인터넷 참여활동에 미치는 영향 연구, 〈한국거버넌스학회보〉, 22(3), 259-282
민영(2011), 인터넷 이용과 정보격차: 접근, 활용, 참여를 중심으로, 〈언론정보연구〉, 48(1), 150-187,
안정임(2002). "디지털 커뮤니케이션과 미디어 리터러시: 의미와 연구방향 모색", 〈교육정보방송연구〉, 8권 3호, 5-24.
안정임(2006). "디지털 격차와 디지털 리터러시: 수용자 복지 정책적 함의", 한국언론학회, 〈한국언론정보학보〉, 36호, 78-108.
안정임(2010). 디지털 미디어 리터러시 관점에서 본 소셜 네트워크 미디어의 핵심이슈. 〈여성연구논총〉, 25집, 1-22.
안정임·서윤경·김성미(2012). 소셜 미디어 환경에서의 미디어 리터러시 구성요인 검증, 〈한국방송학보〉, 26권 6호, 129-176.
유영만(2002). "e-Learning과 디지털 리터러시: 디지털 시대의 새로운 학습능력", 〈산업교육연구〉, 8권, 83-107.
이원태·황용석·이현주·박남주·오주현 (2011). 〈디지털 컨버전스 환경에서 정보격차 해소 및 미디어리터러시 제고방안 연구〉. 서울: 정보통신정책연구원.
전경란·김양은·김아미(2015). 중학생 대상 창의적 체험활동을 통한 미디어교육의 방향에 대한 탐색적 고찰. 〈언론과학연구〉, 15(3). 267-296
정현선(2004), 디지털 리터러시의 국어교육적 고찰, 〈국어교육학연구〉 제21집, 5-42.
한정선·오정숙(2006), 〈21세기 지식 정보 역량 활성화를 위한 디지털 리터러시 지수개발 연구〉, 한국교육학술정보원
황용석·이현주·박남수(2014), 디지털 시민성의 위계적 조건이 온·오프라인 시민참여에 미치는 영향에 관한 연구, 〈사회과학연구〉, 25권 2호, 493-520. 충남대학교 사회과학연구소.
Celot, P.(2009). "Study on Assessment Criteria for Media Literacy Levels." *For the European Commission Directorate General Information Society and Media; Media Literacy Unit*, Brussels, October 2009.
Compaine, B (Ed.).(2001). *The Digital Divide: Facing a Crisis or Creating a Myth?* Cambridge, MA: MIT Press.

Correa, T. (2010). "The Participation Divide Among "Online Experts": Experience, Skills and Psychological Factors as Predictors of College Students' Web Content creation". *Journal of Computer-Mediated Communication. 16*, 71-92.
EAVI(European Association for Viewers Interests)(2011). *Testing and Refining Criteria to Assess Media Literacy Levels in Europe*. Final Report.
Fastrez, P. (2009). "Evaluating Media Literacy as Competences: What Can We Agree on?", *Groupe de Recherche en Médiation des Savoirs, Université catholique de Louvain*, Belgium.
Gilster, P. (1997). *Digital Literacy*. Wiley.
Hargittai, E. & Hinnant, A. (2008). "Digital inequality: Differences in young adults' use of theinternet". *Communication Research. 35(5)*: 602-621.
Hargittai, E. (2002). "Second-level Digital Divide: Differences in People's Online Skills". First Monday. 7(4). URL:http://firstmonday.org/issues/issue7_4/hargittai/index.html.
Hargittai, E., & Walejko, G. (2008). The participation divide: Content creation and sharing in the digital age. *Information, Communication & Society, 11(2)*, 239-256.
Hobbs, R. (2010). "*Digital and Media Literacy: A Plan of Action*", A White Paper on the Digital and Media Literacy Recommendations of the Knight Commission on the Information Needs of Communities in a Democracy.
Jenkins, H., Clinton, K., Purushotma, R., Robison, A. J., & Weigel, M. (2009). *Confronting the Challenges of Participatory Culture: Media Education for the 21st Century*, MIT Press.
JISC. (2016). Building Digital Capability. URL;https://digitalcapability.jiscinvolve.org/wp/files/2015/11/Digital_capabilities_learner_profile.pdf
Lankshear, C., & Knobel, M. (2011). *New literacies : Everyday Practices and Social Learning, changing knowledge and lassroom learning*. Buckingham: Open UP.
Meyrowitz, J.(1998). Multiples media literacies. *Journal of Communication, 48(1)*, 96-108
Molnar, Szilard(2003), "The Explanation Frame of The Digital Divide," The Information Society, URL; http://www.academia.edu/1308255/The_explanation_frame_of_the_digital_divide
NEW LONDON GROUP. 1996. A Pedagogy of Multiliteracies: Designing Social Futures. *Harvard Educational Review, 66*, 60-92.
Partnership for the 21st Century Skills(2009), A framework for 21st century learning. Washington, DC, URL: http://www.p21.org/storage/documents/1.__p21_

framework_ 2-pager.pdf
Partnership for the 21st Century Skills(2013), Remaining citizenship for the 21st century: A call to action for policymakers and educators. Washington, DC, URL: http://www.p21.org/our-work/citizenship(2016년 2월 12일)
Rheingold Howard(2010), Attention, and Other 21st-Century Social Media Literaciesm, *EDUCAUSE Review*, vol. 45, no. 5 (September/October 2010): 14-24
Rheingold Howard(2012), *Net Smart ; How to Thrive Online*, MIT Press.
Ribble, M.(2015). *Digital citizenship in schools: Nine elements all students should know*. ISTE.
Selwyn, N. (2004). "Reconsidering Political and Popular Understandings of the Digital Divide", *New Media & Society*, 6(3), 341-362

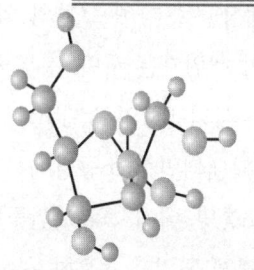

3장 소비자-시민의 소통방식 변화

변상호·정성은

1. 서론

SNS의 급속한 발전으로 사회 성원들 간에 소통의 연결망이 획기적으로 강화되었다. SNS는 무엇보다 소통의 사회적 연결망이다. 소통의 망에서 시민들은 다양한 주제에 대해 다양한 대상들을 향해 그들의 의견을 표명하며 서로 영향을 주고받는다. 소통망의 행위자는 시민, 정부 등 다양한 사회 조직으로 구성되어있다. 최근에는 사회에서의 경제 조직 (특히 대기업)의 비중과 역할이 매우 높은 정도로 확대되면서 소통망에서도 경제 조직이 주요 행위자로 활동하고 있다. 소통망 내에서의 시민들도 단순한 정치적 구성원으로서 뿐 만이 아니라 경제 행위자 주요하게는 소비자로서의 정체성을 가진다. 따라서 소통망에서 시민-소비자와 정부조직, 경제조직 등간의 소통의 역학에 대한 이해가 중요하다.

사회적 소통에서 역사적으로 그리고 지금도 주요하게 등장하는 문제는 시민들의 의견 표명의 범위와 한도를 둘러싼 시민과 정부 조직 간의 긴장관계이다. 정부는 때로는 물리적으로 의견 표명의 범위와 한도를 규정하고, 자유로운 의견 표명의 권리를 주장하는 시민들과 때로 충돌하며 긴장관계를 유지하고 있다. 이와 관련하여 주요 연구대상이 되는 것은 시민들의 자기검열과 그와 관련된 위축효과이다. 본 장은 첫 번째로 정치권력의 존재로 인한 시민들의 자기검열과 위축행위의 존재와 그 결정요인 등에 대해 살펴본다. 두 번째로 새롭게 사회 소통망에서 주요행위자로 활동하는 경제권력으로 인한 소비자-시민의 자기검열과 위축행위에 대해 살펴본다.

2. 정치 권력과 시민 자기 검열의 상호작용

의사표현의 자유(freedom of speech)가 없다면 민주주의는 성립할 수 없다(김형성·임영덕, 2009; Milton, 1644/2007). 이런 연유로 정치권력이 자유로운 의사표현을 위축시키는 현상은 오랫동안 헌법학과 정치학 등의 연구대상이 되어 왔다. 헌법학은 개인이 자신의 정체가 드러난 상태에서 국가권력기관을 의식해 의사표현 내용을 자기검열(self-auditing)하고, 스스로 억제하는 현상을 위축효과(chilling effect)라고 정의한다(박경신, 2009; 박정순, 2004; 황성기, 2008). 헌법학과 정치학 등은 국가권력기관으로 대표되는 정치권력이 의사표현(freedom of speech)의 자유를 억압할 수 있는 주체가 된다고 보았다(박경신, 2009; 박정순, 2004). 개인은 자신의 정체성(identity)이 드러난 상태에서는 사상이나 생각을 자유롭게 표현하는 것을 제약받게 된다(음수연, 2005; Danet, 1998; Postmes, Spears, & Lea, 2002). 특히 실명을 강제당할 경우 국가권력기관 등 정치권력의 부정적 영향력을 두려워하여 의사표현의 내용과 형식을 스스로 억제하는 현상이 발생할 수 있다. 헌법학계의 다수의견은 의사표현 위축을 국가 공권력의 행사로 인하여 개인이 합법적인 표현물의 발화를 스스로 검열하는 것으로 규정한다(박정순, 2004). 즉 위축효과(chilling effect)는 의사표현을 단순히 자제하는 것이 아니라 자기검열(self-auditing)을 하는 행위를 뜻한다(박경신, 2009). 이에 따라 익명성(anonymity)은 자유로운 의사표현을 보장하는 중요한 요소가 돼 왔다(Claessens et al., 2002). 익명성은 나이, 성, 인종, 직업 등의 정체성을 가려주는 가면(mask)으로서 기능을 하기 때문에 의사표현을 자유롭게 한다는 것이다(Danet, 1998). 실험연구에서도 익명성은 자유로운 의사표현을 촉진한다는 사실이 밝혀졌다(박인우·김미향, 2000; Siegle, Dubrovsky, Kiesler, & McGuire, 1986). 역사적으로 익명성이 의사표현의 자유에 순기능 하였음을 보여주는 다수의 사례가 있다. 1776년 1월 토마스 페인(Paine, 1776/2012)은 미국 독립의 정당성을 주장하는 소책자 '상식(Common Sense)'을 'An English Man'이라는 가명으로 출간했다. 3개월도 안 돼 이 책은 10만권이상 팔려 나갔고, 6개월 뒤 이 책의 논리를 그대로 담은 미국 독립선언문이 나온다. 몰리에르, 볼테르, 졸라, 트로츠키, 조지 오웰, 벤자민 플랭클린, 오헨리, 조르쥬 상드, 아이작 뉴튼 등도 익명성에 힘입어 새로운 사상을 세상에 발표할 수 있었다(박경신, 2009). 대한민국 헌법 제21조 역시 의사표현의 자유를 천명하고 있다. 여기에는 '익명으로 말할 수 있는 자유' 가 포함돼 있다는 게 헌법학계의 중론이다.

SNS공간은 일반적인 인터넷 공간과 달리 특정 참여자가 장기간 표현한 내용을 다른 삼자가 손쉽게 접근해 알아낼 수 있다는 점에서 신상정보 노출 이상의 문제점을 드러내고 있다. 2012년 2월 취업포털 사람인이 기업 인사담당자 397명을 대상으로 한 설문조사는 그 대표적인 사례에 해당한다(매일경제신문, 2012년 2월 21일). 설문조사에서 인사담당자 206명(52%)은 채용 심시 때 구직자기 실명으로 SNS에 올린 내용을 참고한다고 답했다. 인사담당자가 중점적으로 보는 항목으로는 '직무에 대한 관심도'(58%)에 이어 '평소 언행과 가치관'(38%), '인맥 등 대인관계'(28%)가 2·3위를 기록했다. 이는 SNS공간이 기업 등으로부터 감시의 공간이 되고 있다는 방증이 아닐 수 없다. 조사에 응한 구직자 1,366명 중 57%는 지원서 제출 또는 면접 전에 자신의 SNS내용 중 사생활 관련 자료를 삭제한다고 답했다. 26%는 욕설 등 부정적 내용을 지웠다고 응답했다.

미국에서도 익명성 보장은 여전히 중요한 사회·정치적 이슈가 되고 있다(Schneier, 2006). SNS공간에 대해 FBI, CIA 등 국가 권력기관의 폭넓은 개입이 이뤄지고 있다는 사실이 보도됐다(조선일보, 2012년 2월 24일). 중국의 경우, 2011년 중동지역 쟈스민 혁명의 촉매제가 된 트위터의 정치적 영향력에 자극받아 2012년 3월부터 SNS실명제를 전면 실시하고 있다(중앙일보, 2012년 2월 9일).

SNS공간에서 규제도입 여부에 대한 논란에도 불구하고 그동안 실명성이 의사표현 위축에 어떠한 영향을 주는지에 대한 실증 연구는 미흡한 실정이다. 선행연구 대부분이 인터넷 본인확인제를 도입하기 전후 전체 게시 글과 댓글 수 등을 비교한 것에 그침으로써, 개인차원에서 위축행위가 어떻게 일어나는지에 대해서는 알 수 없었다. 또한 연구대상 사이트와 연구시점에 따라 엇갈린 분석 결과들(김경년·김재영 2005; 배영, 2008; 우지숙·나현수·최정민, 2009)이 제시돼 오히려 논란을 가중시켜 왔다.

3. 실명제 여부에 따른 위축효과에 대한 변상호와 정성은(2012)의 연구

변상호 정성은(2012)은 실명성이 실제 SNS 공간에서 개인의 의사표현을 위축시키는지를 살펴보았다. 실명 SNS 이용자가 익명 SNS 이용자보다 의사표현을 위해 언어를 선택할 때 더 신중히 하거나, 이미 써 놓은 표현 내용을 더 수정하는 등 심리적 압박에 따른 의사표현 위축행위를 하는지를 분석하였다. 특히 직업상 조직에 소속돼 있는지 여부가 SNS 이용자의 의사표현 위축에 영향을 주는지를 검증하였다. 아울러 정치·경제·사회적 이슈에 대한 SNS 이용자의 비판성향이 의사표현 위축행위에 영향을 미치는지를 알아보았다.

설문결과 4,545명 중 2,125명이 트위터를 사용하고 있다고 답했다. 이들 중 1,662명(78.2%)이 실명으로, 나머지 사람은 익명으로 트위터를 사용하고 있는 것으로 나타났다. 2단계에서 이들 2,125명에게 정치·사회·경제 이슈별 비판성향과 의사표현 위축 행위 등에 대해 설문조사를 다시 실시했다. 그리고 실명과 익명을 사용하는 트위터 이용자로부터 각각 200명씩 동일수의 설문답지가 올 때까지 기다려 총 400개 설문답지를 수집했다. 변상호와 정성은(2012)은 실질적 실명성, 직업상 조직소속 여부, 이슈별 비판성향 등의 독립변인이 개인의 의사표현 위축 행위에 어떠한 영향을 미치는지를 검증하기 위해 첫째 "SNS공간에서 의사표현을 할 때 어느 정도 신중하게 언어선택을 하느냐.", 둘째 "SNS공간에서 이미 써 놓은 자신의 의사표현을 고친 적이 있느냐."를 5점 리커트척도로 측정했다.

특히 SNS 등 사이버공간에서의 실명과 익명의 구분은 현실공간에서와 다소 차이가 있을 수 있다. 현실공간에서는 실명을 쓰지 않더라도 대면 접촉 자체에 따른 인상착의, 대화 속에 포함된 각종 신상 정보가 실명 상태나 다름없는 상황을 만든다. SNS공간에서 장기간 의사표현을 한 내용과 정보를 이미 자신의 정체성이 노출될 가능성이 있다. 따라서 SNS이용자의 이 같은 주관적 판단을 실명성과 익명성 구분에 반영하는 것이 타당할 것이다. 이는 이명은 단순히 실명이 반대어가 아니고 신원을 확인받지 아니한 상태 또는 신원을 드러내지 아니한 상태로 해석해야 한다는 이론적 주장과 맥을 같이 한다(황성기, 2008). 익명성 역시 '이름을 숨기다'라는 뜻으로 현실 공간에서는 쓰이고 있다. 그러나 인터넷 공간에서는 이 같은 좁은 의미의 익명보다 훨씬 다양한 형태로 띤 유사 신원(pseudo identity)을 의미할 수 있다(이명진, 2001). 따라서 인터넷과 SNS 등 사이버공간에서는 형식적 실명성과 함께 실제 그가 누구인지를 제3자가 알 수 있느냐를 함께 따져 봐야 할 것이다. 이에 따라 본 연구는 SNS를 사용할 때 본인이 '실명을 쓰고 상대방 SNS사용자가 나의 존재를 인지하거나 인지할 수 있다'고 답한 대상자를 '실질적 실명성'이 있는 집단으로, 반면 '익명을 쓰고 상대방 SNS사용자가 나의 존재를 인지하거나 인지할 수 없다'고 답한 대상자를 '실질적 익명성' 집단으로 분류하였다. 그리고 나머지 SNS사용자는 기타 집단으로 처리하였다.

실질적 실명성에 따라 분류된 세 집단(실질적 실명 vs 실질적 비실명 vs 기타)에 대한 본 연구의 분석결과, 정치와 경제 이슈에 대해선 실질적 실명 집단이 다른 2개 집단에 비해 더 강한 의사표현 위축행위를 하고 있는 것으로 나타났다. 그러나 사회이슈에 있어서는 이들 세 집단 간 위축행위에 차이가 발견되지 않았다. 이 연구는 정부와 여당, 경찰, 검찰 등의 국가권력기관뿐 아니라 대기업이 실명으로 의사표현을 하는 SNS이용자에게 위축행위를 발생시키는 주체가 되고 있음을 시사한다. 정치 이슈뿐 아니라 경제 이슈에서도 실질적 실명 집단의 위축 행위가 다른 집단보다 더 크게 나타난 것은 헌법학 등 기존 이론연구들이 위축효과(chilling effect)를 주로 정치적 측면에서 해석·분석한 경향에 대해 일정 부분 수정의 필요성을 제기한다. 따라서 추가 연구를 통해 이 부분에 대한 보다 구체적인 검증 작업이 이뤄져야 할 것이다. 이미 설명한 바와 같이 SNS이용자들의 상당수가 취업을 위해 자신이 평소 SNS공간에 올린 글이나 자료를 수정, 삭제, 첨언하는 등의 위축 행위를 하는 것은 대기업이 위축효과 연구의 중요한 연구대상이 될 수 있음을 잘 보여준다. 그러나 사회이슈에서는 그 이해관계자가 매우 다양하고 특정하기 어렵다는 점에서 SNS이용자에게 의사표현 위축 압력을 가하는 주체를 실증적으로 밝혀내기가 어려웠던 것으로 보인다.

이 연구의 결과에서 특히 주목되는 것은 실질적 실명성이 정치, 경제, 사회 이슈 모두에서 조직 소속 여부와 상호작용을 하고 있다는 점이다. 이는 개인의 실명성이 직업 등으로 대변되는 자신의 사회적 위치에 따라 영향 받고 있음을 증명하는 것이다. 직업상 자신이 사회·경제적 불이익을 당하거나 또는 자신의 업무에 의도하지 않은 부정적 영향을 예상한다면, 실명으로 의사표현을 하는 데 있어 위축 받을 수밖에 없다는 뜻이다.

또한 이는 정부 권력기관만이 아니라 대기업, 사회·이익단체, 불특정 대중 등도 조건에 따라서는 위축효과 유발 주체가 될 수 있음을 보여준다. 이를 뒷받침하듯 조직 소속 집단이 정치 이슈에서 보다 경제, 사회 이슈에서 통계학적으로 더 강하게 실질적 실명성과 상호작용하고 있는 것으로 나타났다.

이 연구를 통해 실명성이 SNS공간에서 개인의 의사표현에 위축효과를 유발할 수 있고, 특히 직업상 조직에 소속된 개인이 더욱 의사표현을 위축할 가능성이 많으며, 개인의 이데올로기적 비판성향이 영향을 미칠 수 있음을 알 수 있었다. 아울러 의사표현을 위축시키는 주체가 국가권력기관 이외에 대기업, 사회단체, 이익집단, 불특정 대중도 될 수 있음을 논의했다. 이러한 연구 결과는 현재 논란을 일으키고 있는 SNS공간에 대한 당국의 규제 움직임과 관련해 여러 가지 정책적 시사점을 제시한다.

4. 경제 권력과 시민 자기 검열의 상호작용

현대사회에서 의사표현의 자유를 억제하는 현상은 정치권력과 정치영역에만 국한되지 않는다. 황성기(2008)는 의사표현 위축을 자유로운 의사표현이 불가능한 상태라고 광의적 해석을 내렸다. 이는 의사표현을 위축시키는 주체가 국가권력기관 등 정치권력에만 국한되지 않는다는 것을 시사한다. 개인의 지각, 태도, 행동에 직간접적 영향을 줄 수 있는 대기업, 사회집단과 이익집단, 불특정 대중도 의사표현 위축의 주체가 될 가능성이 있다. 변상호·정성은(2012)의 연구는 정치이슈 보다 대기업 등과 관련된 경제이슈에서 실명을 쓰는 개인이 익명을 쓰는 개인보다 의사표현 위축 행위의 정도가 더 크다는 사실을 밝혀냈다. 특히 기업, 공공기관 등 직업상 조직에 소속돼 있는 사람이 조직에 소속돼 있지 않는 사람 보다 의사표현 위축을 더 크게 하는 것으로 나타났다. 이는 대기업이 개인의 일상생활에 미치는 관여도가 의사표현 위축현상과 밀접한 관계가 있다는 사실을 보여준다. 앞서 입사 지원자들이 SNS공간에서 대기업의 검열을 의식해 자신의 SNS 글쓰기 내용을 수정하거나 삭제한 사례도 경제권력을 대표하는 대기업이 실제 의사표현을 위축시키는 주체가 되고 있음을 입증하였다.

현대사회에서 대기업이 권력의 한 주체가 되고 있는지를 살펴볼 필요가 있다. 의사표현 위축현상이 권력주체가 유발시키는 현상이라고 한다면, 대기업도 권력주체로서 보편적인 특성을 지니고 있어야 한다. 허만(Herman, 1981)은 20세기 이후 대기업의 자치적 권한(the autonomy of corporation)에 대한 정부의 통제력(regulation)이 크게 약화됐으며, 대기업의 첨단 정보통신 기술과 이를 통한 통제력, 지리적 확산, 이동성과 적응성이 효과적인 권력 확대를 가능하게 했다고 분석했다. 이에 따라 대기업은 기업 내부종사자는 물론 정책입안자, 정부규제기관, 이해관계자, 소비자, 일반대중 등에게 큰 영향력을 행사하고 있다. 프렌치와 레이븐(French & Raven,1959), 그리고 롱(Wrong, 1979)의 권력 개념과 유형에 따르면 대기업이 권력주체라는 사실이 분명해진다. 근로자와의 관계는 급여를 지급하고 있다는 점에서 보상적(reward) 권력 또는 유인적(induced) 권력에 해당한다. 소비자가 애프터서비스(AS)를 받는다면 대기업은 소비자에 대해 전문가적(expert or competent) 권력을 보유하고 있는 셈이다. 하청업체와의 납품단가 협상에서 우월적 위치에 서 있는 대기업은 때때로 거래 단절과 같은 강압적(coercive) 권력을 발휘할 수 있다(권기대·이상환, 2003). 대기업은 이데올로기적인 권력도 행사한다. 푸흐스(Fuchs, 2005)는 대기업이 대중의 지지를 얻기 위해 자신들과 관련한 이슈를 틀 짓기(framing)함으로써 정치엘리트에게 영향력을 행사하고 있다고 주장하였다. 대기업이 주도하는 담론(discourse)은 강압에 의한 권력행사보다 다양한 형태의 설득과 유인에 사용함으로써 사람들의 눈에 권력으로 보이지 않도록 하는 효과가 있다. 이에 대해 김화진(2003)은 현대국가에서 사적 소유권과 국제시장을 바탕으로 영향력을 확대해 온 대기업 권력에 맞서 정치권력이 효율적인 대응을 하지 못하고 있다고 지적하였다.

한국에서의 대기업은 서구의 어느 대기업 보다 더 큰 권력행사의 기반을 갖추고 있다. 핀켈쉬타인(Finkelstein, 1992)이 미국 주요산업 최고경영자(top manager) 1,763명을 대상으로 실시한 조사에서 경영자(agent)의 권한(strength of position)은 지배주주와의 관계가 결정한다고 주장하였다. 한국 대기업 총수의 권력은 최고경영자와 지배주주가 사실상 동일하다는 점에서 가장 극대화된 권력행사의 유형이 될 수 있다. 한국 기업과 일본 기업을 비교한 정홍익(1989)의 연구에서는 한국 기업이 최고경영자 중심의 권력 집중형 경영구조라는 특성을 나타낸 반면 일본 기업이 주요사안은 최고경영자가 내리지만 일반적인 기업 운영은 중간 관리자가 실질적인 권한을 발휘하는 관리자 중심의 분권형 경영구조를 가진 것으로 분석됐다. 살라먼과 지그프리드(Salamon & Siegfried, 1977)는 "더 큰 기업 일수록 더 큰 정치적 영향력을 행사한다(Large firm size does indeed seem to yield greater political power)"(p.71)고 주장했다. 한국도 예외가 아니다. 김윤태(1999)는 "재벌간 공식적, 비공식적 사회관계가 발전함에 따라 국가 엘리트와 기업 엘리트 간 사회연합(social coalition)이 형성되고, 이는 정치 행위자와 경제 행위자의 전략적 동맹의 기반이 되고 있다"(pp.174-175)고 설명했다.

미디어가 지각, 태도 행위 등에 영향을 주기 위해서는 미디어노출을 통한 지식과 정보의 축적이 선행돼야 한다(김은이, 2007; 류재성, 2010; Shrum & O'Guinn, 1993; Shrum, 1996; Morgan & Shanahan, 1999). 특히 뉴스 프로그램의 이용이 특정 주제에 대한 지식 습득에 더 많은 영향을 미치는 것으로 나타났다(Tichenor et al., 1970). 미국 대학생 1,209명을 대상으로 실시한 설문조사 연구(Vincent & Basil, 1997)는 신문 같은 인쇄 미디어와 뉴스 전문채널 CNN 시청이 시사사건에 대한 지식을 크게 증가시키는 것을 발견했다. 드류와 위버(Drew & Weaver, 2006)는 2004년 미국 대통령 선거를 1988년, 1992년, 1996년, 2000년 선거와 비교 연구한 결과, TV뉴스와 후보토론 방송, 인터넷 뉴스가 유권자로 하여금 후보자에 대한 지식 습득과 투표 참여를 증가시켰다는 사실을 밝혀냈다. 따라서 대기업 관련 뉴스에 대한 노출이 증가할수록 대기업에 대한 지식이 증가할 것이라고 예측할 수 있다. 또한 미디어에서 얻어지는 지식과 정보의 양은 교육이나 미디어 이용을 통해 사전 배경 지식을 얼마나 갖고 있느냐(Tichenor et al., 1970)와 정보추구 동기가 어느 정도 강하느냐(Katz, Gurevitch, & Hass, 1973)에 의해 영향을 받을 수 있다. 이 점에서 대기업 관련 뉴스는 시사성 위주의 사회·정치 뉴스와 다른 특징을 갖는다. 첫째, 대기업 관련 뉴스를 이해하기 위해서는 사전 경제·법률 지식이 필요한 경우가 많다. 둘째, 대기업 관련 뉴스를 통해 얻어진 지식은 재테크나 투자, 판매, 구매, 취업, 계약, 등 개인의 생활에 직간접적인 영향을 미치는 내용이 많다. 이는 대기업 관련 뉴스를 적극적으로 이용하는 상당수 개인이 대기업에 대한 사전 지식을 갖고 있으며, 다른 사회·정치 지식 보다 대기업 관련 정보에 대한 추구 동기가 강할 수 있음을 시사한다. 정치사건 중 개인들이 가장 많은 관심을 갖는 선거에 대한 연구를 보면, 사전 배경지식의 양과 추구동기의 강도가 지식습득의 양에 미치는 영향을 잘 보여준다. TV뉴스 및 신문뉴스가 1996년 미국 대선 관련 지식의 증가에 미치는 영향을 연구한 에브랜드와 쇼펠러(Eveland & Scheufele, 2000)는 교육 등을 통해 정치 관련 지식이 높은 집단이 뉴스를 통해 더 많은 지식을 얻고 있다는 사실을 밝혀냈다.

현대사회에서 개인은 TV, 신문, 인터넷 등 미디어가 제공하는 대기업 관련 뉴스를 주로 보면서 대기업에 대한 지식을 축적하고, 이를 통해 경제권력의 주체인 대기업에 대한 이해(understanding)를 증가시킨다. 대기업을 이해한다는 것은 대기업의 잠재적 위협(thereat)으로 인식하는 과정이며, 이는 대기업에 대한 위력지각(perceived strength)을 형성한다. 이러한 대기업에 대한 위력지각 강화는 대기업에 대한 의사표현 위축현상을 초래하게 된다. 앞서 연구가설들은 대기업 관련 뉴스 노출이 대기업에 대한 지식을 증가시키고, 이렇게 증가된 지식은 대기업에 대한 위력지각을 강화시켜, 종국에는 대기업에 대한 의사표현 위축에 영향을 미칠 것이라는 인과적 연결을 형성하게 된다. 결론적으로 본 연구는 대기업 관련 뉴스 노출이 대기업에 대한 지식을 증가시키고, 이 지식이 대기업에 대한 위력지각을 강화시켜, 종국에는 이 위력지각이 대기업에 대한 의사표현을 위축시킬 것이라는 가설을 설정할 수 있었다.

5. 대기업 권력이 SNS공간에서 의사표현 위축에 미치는 영향에 대한 변상호와 정성은(2013)의 연구

변상호와 정성은(2013)은 전문여론조사기관에 의뢰해 2012년 12월 12-14일 사흘간 설문조사를 실시하였다. 본 연구는 전체 조사대상 가입자 80여만 명 가운데 남녀, 연령, 지역별 무작위 비례할당(proportionate allocation) 방식에 근거해 먼저 4,964명을 추출한 뒤, 2단계에 걸쳐 설문조사를 실시했다. 1단계에서 4,964여 명에게 이메일 설문지를 보내 트위터, 페이스북, 카카오톡, 라인 등의 SNS이용 여부와, SNS공간에서 자신의 실제 이름을 쓰는지와 다른 사람들이 자신이 누군지를 알고 있는지의 질문에 앞서 설명한 실질적 실명 집단에 해당하는 개인을 추출하였다. 2단계에서 이들 실질적 실명 집단에게 본 설문조사를 실시해 선착순으로 483명의 설문 응답지를 받았다. 불성실 응답자 59명을 뺀 424명을 본 연구의 최종 분석 대상자로 삼았다. 남성은 245명, 여성은 179명이었다. 나이를 연령대별로 보면 19-29세 106명, 30-39세 100명, 40-49세 124명, 50-59세가 94명이었다. 학력은 고졸이하 87명, 대졸 289명, 대학원 이상이 48명을 차지했다.

변상호와 정성은(2013)은 기업 정체성을 표현하는 특성용어 중 대기업으로부터 위협감을 느낄 수 있는 특성용어를 활용해 위력지각(perceived strength)을 측정하기 위한 문항을 구성하였다. '강력하다,' '조직적이다,' '집요하다,' '치밀하다' 등 4개 문항을 선택하고 7점 리커트척도로 측정했다(1 = 전혀 그렇지 않다, 2 = 그렇지 않다, 3 = 별로 그렇지 않다, 4 = 모르겠다, 5 = 조금 그렇다, 6 = 그렇다, 7 = 매우 그렇다). 본 연구는 이들 4개 문항을 중소기업에 대해서도 동일하게 설문조사했다. 대기업의 경우 '다음은 삼성, 현대, SK, LG 등 국내 유수 대기업에 대한 묘사입니다.'라고 제시한 뒤 각각 4개 문항을 7점 리커트척도로 체크하도록 하였다.

변상호와 정성은(2013)은 대기업에 대한 지식수준(level of knowledge)을 평가하기 위해 객관식(사지 선다형) 10개 문항을 제시하였다. 이들 문항은 10개 문항을 구성하기 위해 현직 기자 5명이 참여해 난이도에 따라 상중하로 각각 5개씩 15개 문항을 만든 뒤 서울 소재 한 대학의 신문방송학과 수업에서 대학생 44명을 대상으로 난이도와 적합도를 검증하였다. 검증 결과를 바탕으로 가장 오답이 많은(난이도가 가장 높은 것으로 간주되는) 5개 문항을 뺀 10개 문항으로 최종 문항을 구성했다. 각 문항에 대해 정답은 1점, 오답은 0점을 부여해 개인별 평가 점수를 산출했다. 변상호와 정성은(2013)은 대기업 관련 뉴스에 대한 노출 빈도를 측정하기 위해 TV, 종이신문, 인터넷(스마트폰 포함)별로 '대기업 관련 뉴스를 평소 얼마나 보느냐를 묻는 3개 문항을 제시하고, 7점 척도로 체크하도록 하였다. 변상호와 정성은(2013)은 의사표현 위축을 측정하기 위한 문항을 보다 정교화하였다. 본 연구는 SNS공간에서 삼성, 현대, SK, LG 등 대기업에 대해 글쓰기 하거나 댓글을 작성할 때의 의사표현 위축 정도를 4개 문항을 사용해 7점 리커트척도로 측정하였다. 4개 문항은 '내가 쓴 글이나 댓글로 인해 사회·경제적 불이익과 심리적 위해를 받을 수 있다고 불안해 한 적 있다', '나는 사회·경제적 불이익과 심리적 위해를 걱정해 트위터 등 SNS에서 글이나 댓글 쓰기를 주저한 적 있다', '나는 사회·경제적 불이익과 심리적 위해를 걱정해 트위터 등 SNS에서 글이나 댓글 쓰기가 조심스럽다', '내가 쓴 글이나 댓글 내용을 사회·경제적 불이익과 심리적 위해를 걱정해 고친 적이 있다' 등으로 구성했다(Cronbach's alpha = .92). 본 연구는 트위터 등 SNS공간에서 중소기업에 대해서도 글쓰기 하거나 댓글을 게재할 때 의사표현 위축을 하는지를 앞서 대기업에 대한 의사표현 위축 문항과 동일한 4개 문항을 사용해 7점 리커트척도로 측정하였다.

분석 결과에 따르면 대기업에 대한 의사표현 위축(M = 4.09, SD = 1.32)은 중소기업에 대한 의사표현 위축(M = 3.88, SD = 1.26) 보다 통계학적으로 유의미하게 더 큰 것으로 나타났다, $F(1, 418)$ = 5.40, p = .021, 부분 η^2 = .01. 그리고 중소기업 대비 대기업에 대한 위력지각이 SNS공간에서 중소기업 대비 대기업에 대한 의사표현 위축에 통계학적으로 유의미하게 정(+)적 효과를 보였다(표준화 경로계수 = .12, SE = .03, p = .028). 대기업에 대한 지식 증가는 중소기업 대비 대기업에 대한 위력지각 강화에 통계학적으로 유의미하게 정(+)적 효과를 주었다(표준화 경로계수 = .17, SE = .04, p < .001). 대기업 관련 뉴스 노출은 대기업에 대한 지식 증가에 통계학적으로 유의미하게 정(+)적 효과를 나타냈다(표준화 경로계수 = .18, SE = .10, p = .001). 대기업 관련 뉴스 노출은 대기업에 대한 지식에 이어 중소기업

대비 대기업에 대한 위력지각을 매개로, SNS공간에서 중소기업 대비 대기업에 대한 의사표현 위축 증가에 통계학적으로 유의미하게 정(+)적 효과를 보였다(표준화 경로계수 < .01, SE < .01, p = .020). 한편 대기업 관련 뉴스 노출이 대기업에 대한 지식을 매개로, 중소기업 대비 대기업에 대한 위력지각을 강화시키는지에 대해 분석하였다. 부트스트레핑 분석 결과, 대기업 관련 뉴스 노출이 대기업에 대한 지식 증가를 매개로 중소기업 대비 대기업에 대한 위력지각 강화에 통계학적으로 유의미하게 정(+)적 효과를 미쳤다(표준화 경로계수 = .03, SE = .01, p = .001). 대기업 관련 뉴스 노출이 중소기업 대비 대기업에 대한 위력지각에 미치는 영향에 있어, 대기업에 대한 지식이 이를 완전매개하고 있는 것으로 나타났다. 대기업에 대한 지식이 중소기업 대비 대기업에 대한 위력지각을 매개로 SNS공간에서 중소기업 대비 대기업에 대한 의사표현 위축에 통계학적으로 유의미하게 정(+)적 영향을 주는 것으로 나타났다(표준화 경로계수 = .02, SE = .01; 하위경계 = 0.002; 상위경계 = 0.051, p = .029).

6. 논의 및 결론

변상호와 정성은(2012, 2013) 두 연구는 국가권력기관만이 아니라 대기업이 위축효과를 유발시킬 수 있다는 것을 밝혔다. 따라서 정책당국은 SNS 등 인터넷 기반의 개인 미디어에 대한 프라이버시(privacy) 보호 정책 수립에 있어 대기업이나 사회·이익집단, 불특정 대중에 의한 개인정보 침해 및 악용에 대한 방지책을 마련해야 할 것이다. 둘째, 본 연구는 대기업 관련 뉴스가 대기업에 대한 지식과 위력지각에 큰 영향을 미치고 있다는 사실을 실증적으로 보여주었다. 이 점에서 기자와 편집자 등 뉴스 생산자는 대기업 관련 뉴스를 생산함에 있어 중립성과 객관성 등의 균형 감각을 충분히 기할 필요가 있다. 근거가 불충한 상태에서 대기업에 대한 부정적 기사가 노출될 경우 오히려 소비자, 주주, 투자자, 거래업체 등 경제적 약자에게 의도하지 피해를 주는 경우도 있을 수 있기 때문이다. 변상호와 정성은 연구는 대기업이 경제권력으로서 위축효과를 유발시킨다는 점을 실증 분석하여 커뮤니케이션 측면에서 미디어노출이 지식을 증가시키고, 지식은 위력지각을 강화시키며, 위력지각은 의사표현을 위축시키고 있다는 것을 보여주었다. 이러한 연구결과가 SNS 등의 인터넷 기반 미디어에 있어 프라이버시 보호를 위한 바람직한 정책 수립에 도움이 되어주기를 기대해 본다.

참고문헌

권기대·이상환(2003). 벤처기업-대기업 협력에 대한 실증적 연구: 의존성, 권력, 신뢰를 중심으로. 〈벤처경영연구〉, 6권 2호, 53-75.
김경년·김재영(2005). 〈오마이뉴스〉독자의견 분석: "난장으로서의 공론장" 가능성 탐색.〈한국방송학보〉, 19권 3호, 7-41.
김윤태(1999). 사회계급과 네트워크: 국가 기업엘리트의 사회적 관계.〈경제와 사회〉, 41권, 152-178.
김은이(2007). 교육, 선거관심도, 미디어 사용이 정치적 지식격차에 미치는 영향에 대한 연구. 〈커뮤니케이션학 연구〉, 15권 4호, 151-168.
김형성·임영덕(2009). 미국의 '위축효과법리'와 그 시사점: '사이버모욕죄' 입법안에 대한 검토. 〈미국헌법연구〉, 20권 2호, 99-131.
김화진(2003). 〈소유와 경영〉. 서울: 박영사.
류재성(2010). 정치지식이 정책태도에 미치는 영향. 〈동북아연구〉, 15권, 245-279.
매일경제신문 (2012. 2. 21). 당신도 모르게 치러진 SNS 면접.
박경신(2009). 인터넷 실명제의 위헌성. 〈헌법학연구〉, 15권 3호, 1-45.
박인우·김미향(2000). 동기적 가상토론에서 익명성이 토론의 논증과 부정적 발언에 미치는 영향. 〈교육공학연구〉, 16권 4호, 91-106.
박정순(2004). 〈익명성의 문제와 도덕규범의 구속력〉. 정보통신정책연구원.

배 영(2008). 〈2008년도 본인확인제 효과분석〉. 숭실대학교 산학협력단.
변상호·정성은(2012). 실명성, 직업상 조직소속 여부, 개인의 정치적 성향이 SNS공간에서 의사표현 위축행위에 미치는 영향. 〈한국언론학보〉, 56권 4호, 105-132.
변상호·정성은 (2013a). 대기업 권력이 SNS공간에서 의사표현 위축에 미치는 영향: 대기업에 대한 지식과 위력지각, 미디어노출을 중심으로. 〈한국언론학보〉, 57권 5호, 191-214.
우지숙·나현수·최정민(2009). 인터넷 게시판의 효과에 대한 실증연구. 〈행정논총〉, 48권 1호, 71-96.
음수연(2005). 온라인 토론을 통한 여론 형성. 〈정보통신정책〉, 17권 22호, 1-24.
이명진 (2001). 사이버공간의 가능성과 한계: 온라인상의 익명성을 중심으로. 〈한국사회〉, 4집, 119-144.
조선일보 (2012. 2. 24). 페이스북 너무 즐겼다간 취업 때 땅 친다.
중앙일보 (2012. 2. 9). 중국판 트위터 웨이보 내달 16일부터 실명제.
정홍익(1989). 한국과 일본기업의 권력구조. 〈행정논총〉, 27권 2호, 170-192.
황성기(2008). 인터넷 실명제에 관한 헌법학적 연구. 〈법학논총〉, 25권 1호, 7-37.
Claessens, J., Diz, C., Goemans, C., Preneel, B., Vandewalle, J., & Dumortier, J. (2002). Revocable anonymous access to the internet?, *Internet Research, 13*, 242-258.
Danet, B. (1998). Text as mask: Gender, play and performance on Internet. In S. G. Jones (Ed.), *Cybersociety 2.0* (pp. 129-158). Thousand Oaks, CA: Sage.
Drew, D., & Weaver, D. H. (2006). Voter learning in the 2004 presidential election: Did the media matter? *Journalism & Mass Communication Quarterly, 83*, 25-42.
Eveland, W. P., Jr., & Scheufele, D. A. (2000). Connecting news media use with gaps in knowledge and participation. *Political Communication, 17*, 215-237.
Finkelstein, S. (1992). Power in top management teams: Dimension, measurement, and validation. *Academy of Management Journal, 35*, 505-53.
French, J. R. P. Jr., & Raven, B. H. (1959). The bases of social power. In D. Cartwright (Ed.), *Studies in social power* (pp. 150-167). Ann Arbor, MI: Institute for Social Research.
Fuchs, D. (2005) Commanding Heights? The strength and fragility of business power in global politics. *Millennium, 33*, 771-803.
Herman, E. S. (1981). *Corporate control, corporate power*. Cambridge, UK: Cambridge University Press.
Katz, E., Gurevitch, M., & Haas, H. (1973). On the use of the mass media for important things. *American Sociological Review, 38*, 164-181.

Milton, J. (1644). *Areopagitica*. 임상원 역 (2007). 〈아레오파지티카: 존 밀턴의 언론 출판 자유에 대한 선언〉. 서울: 나남.

Morgan, M., & Shanahan, J. (1999). *Television and its viewers: Cultivation theory and research*, Cambridge, UK: Cambridge University Press.

Paine, T. (1776). *Common Sense*. 남경태 역 (2012). 〈토마스 페인 상식〉. 서울: 효형출판.

Postmes, T., Spears, R., & Lea, M. (2002). Intergroup differentiation in computer-mediated communication: Effects of depersonalization. *Group Dynamics, 6*, 3-16.

Salamon, L. & Siegfried, J. (1977). Economic power and political influence: The impact of industry structure on public policy. *American Political Science Review, 71*, 1026-1043.

Schneier, B. (2006. 1. 12). *Anonymity won't kill the Internet*. Wired News. Retrieved from http://www.schneier.com/essay-104.html

Shrum, L. J., & O'Guinn T. C. (1993). Processes and effects in the construction of social reality: Construct accessibility as an explanatory variable. *Communication Research, 20*, 436-471.

Shrum, L. J. (1996) Psychological processes underlying cultivation effects. *Human Communication Research, 22*, 482-509.

Siegle, J., Dubrovsky, V., Kiesler, S., & McGuire, T. W. (1986). Group processes in computer-mediated communication. *Organizational Behavior and Human Decision Processes, 37*, 157-187.

Tichenor, P. J., Donohue, G. A., & Olien, C. N. (1970). Mass media flow and differential growth in knowledge. *The Public Opinion Quarterly, 34*, 159-170.

Vincent, R. C., & Basil, M. D. (1997). College students' news gratifications, media use and current events knowledge. *Journal of Broadcasting and Electronic Media, 41*, 380-392.

Wrong, D. H. (1979). *Power: Its forms, bases and uses*, Oxford, UK: Blackwell.

4장 연결사회에서의 사용자 경험

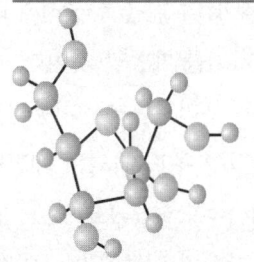

신동희

1. 들어가는 말

최근 지능정보기술에 기반 한 지능정보화의 급속한 진전으로 전 세계적으로 경제시스템과 사회구조를 근본적으로 변화하는 패러다임의 전환기에 있다. 이러한 지능화된 서비스는 인간의 삶의 질을 향상시키고 새로운 지식창출과 새로운 가치창출로 새로운 기회를 제공할 것이다. 반면 노동대체, 자원의 양극화, 프라이버시 침해 등 우려도 크다. 지능정보사회가 안정적으로 우리 사회에 수용되려면 인간이 주도가 되는 개발방식이어야 한다. 인공지능 자체가 주가 되는 기술주도(technology push)가 아니라 인간 및 사회의 새로운 욕구나 수요에 기반해 이루어지는 인간/사회 수요 견인형(human pull)발전이 되어야 한다. 인공지능, 사물인터넷, 가상현실 등 새로운 서비스나 기술을 바탕으로 신제품을 만들어 사회와 시장에 내보내는 것은 다분히 공급자 중심의 사고이다. 수용해야 할 인간이나 사회는 필요성을 크게 인식하지 못하면서도 산업과 언론에서 범사회적으로 당위성을 강조하니 받아들일 수밖에 없는 처지이다. 인간의 감성을 이해하고 자동화된 알고리즘을 내놓으면 자연스럽게 사용자가 받아들이고 사용하게 될 것이라는 것은 다분히 공급자 중심의 사고이다. 사용자의 의도나 사회의 수요가 확인되지 않은 상태에서 쏟아져 나오는 4차 산업혁명의 기술들은 필연적으로 실패할 것이다. 이렇게 나왔다 금새 사라지는 기술들의 사례들을 우리는 지난 10여 년간 목도해 왔다.

이 글은 바람직한 지능정보사회의 안착, 즉 인간에게 이로운 '지능정보사회'의 구현을 위해 지능정보사회의 사용자에 방점을 두었다. 빅데이터, 사물인터넷, 인공지능 등의 4차 산업혁명을 진두지휘하는 기술들은 사용자 경험을 기반으로 한다. 지능정보사회에 사용자 경험에 대한 이해는 필수적이다. 사용자는 고정되고 정적인 개념이라기보다 환경과 맥락에 따라 동적으로 변화하는 다이내믹한 존재이다. 어떤 기술을 사용하느냐 어떤 사회적 담론에 있는가, 어떤 조사방법론을 사용하느냐에 따라 사용자의 의미, 사용자의 경험 모델은 천차만별로 달라진다. 알고리즘은 사용자의 인지에 기반을 두고 있다. 사용자의 인지는 경험에 의해 발현된다. 사용자 경험에 대한 추상적 이해나 아니면 지나친 도구적 산업적 이해도 똑같이 경계의 대상이다. 사용자 경험은 어떤 전문가적 집단들이 만들어낸 다른 세상을 살아가는 사람들의 노스탤지어가 아닌 일반적 사람들의 생각, 만족, 감성 등이다. 4차 산업혁명의 기술들은 저 멀리 다른 세상에서 펼쳐지는 것이 아니라 바로 우리의 생활 속에서 사용자들의 경험에 따라 생성되는 것이다. 4차 산업혁명은 사용자 경험을 티 나지 않게 조용히 녹아내리는 과정이다. 조용히 사용자 경험을 모으고 그를 디자인과 상품개발에 반영하는 것이다. 사용자와 기술 간에 자연스러운 링크, 연결고리, 큐를 설정하는 것이다. 지능정보사회와 사용자 경험은 떼려야 뗄 수 없는 불가분의 관계이다.

2. 지능정보사회

고도화된 기술 인프라를 통해 생성, 수집, 축적된 데이터와 인공지능(AI)이 결합한 지능정보기술이 경제, 사회, 삶 모든 분야에 보편적으로 활용됨으로써 새로운 가치가 창출되는 지능정보사회를 앞두고 있다. 지능정보사회는 크게 기술, 산업, 사회의 세 가지 축을 중심으로 발전할 것이다. 지능정보사회의 근간이 되는 빅데이터, 사물인터넷, 3D 등의 기술의 발전을 무시할 수 없다. 또한 그런 발전된 기술이 활동할 수 있는 산업구조가 있어야 하고, 기술과 산업을 아우르는 사회가 있어야 한다. 그 중에서도 기술, 산업, 사회의 구성요소를 아우르는 사용자라는 요소는 매우 중요하다. 앞으로의 지능정보사회는 인간과 기계의 자연스런 공존이 최대의 화두이다. 어떻게 자연스럽고 유익한 상호작용을 구현하느냐, 어떻게 인간과 기계의 일을 정확히 교통정리하느냐, 어떻게 인간과 기계의 협력을 구가하느냐에 따라 인공지능의 성공여부가 달려있다.

결국 지능정보사회의 주체는 인간인 것이고, 새로운 미래 사회 변화를 주도하고 주체적으로 대응하는 역량을 갖춘 인력 양성의 정책이 중요하다. 이는 인간과 인공지능 사이의 합리적 역할 분담은 물론, 인간과 인공지능을 연결하는 공간에서 새로운 가치를 창출하고 문제를 창의적으로 해결할 수 있는 역량에 초점을 둔 새로운 사회 시스템 구축의 문제와 직결된다.

지식정보사회에서의 경쟁 원천은 데이터와 지식이다. 데이터를 많이 확보한 기업이 신업을 이끈다. 이러한 데이터를 바탕으로 제품과 서비스가 연결된 통합서비스를 제공하는 기업들이 단품 형태의 제품을 공급하는 기업들을 압도하고 있다. 더 많은 사용자를 확보한 대규모 플랫폼 기업이 이들로부터 나온 데이터를 기반으로 경쟁우위를 확보하게 된다. 많은 데이터를 수집하고 이를 클라우드 기반의 컴퓨팅 환경과 빅데이터 기술로 분석하는 한편 인공지능을 통해 이를 스스로 학습할 수 있도록 함으로써 격차는 더 크게 벌어질 것이다. 기업들이 사활을 걸고 AI플랫폼 경쟁을 벌이고 있는 이유이다.

데이터는 사용자에게서 나온다. 축적된 데이터는 패턴을 보여주고, 그 패턴을 통해 하나의 정보가 형성되고, 그런 정보들이 모여 일정 지식이 형성된다. 일정 지식은 특정 서비스나 상품을 개발할 때 필수적으로 쓰인다. 콘텐츠 추천 알고리즘은 어떤 아이템에 대한 사용자의 선호도를 바탕으로 예측하여 다른 아이템을 알려주는 방법인데 기본적으로 추천에 사용할 유저행동 데이터가 전제되어야 한다. 인공지능 비서 서비스가 개인의 비서 역할을 해주려면 기존의 사용 패턴과 사용자의 니즈, 요구사항에 대한 데이터가 있어야 한다. 인공지능 비서 알렉사는 클라우드에 저장된 수많은 사용자 데이터를 활용해 더 나은 서비스를 제공한다. 알렉사가 사용자와 상호작용하면서 얻는 데이터는 새로운 메터 데이터가 되고 스스로 학습하면서 더더욱 똑똑한 개인비서가 된다. 로봇 저널리즘 소프트웨어인 Quill은 기존의 기사작성 데이터를 바탕으로 패턴을 파악하고 알고리즘을 짜고 그 알고리즘을 바탕으로 금융, 천재지변, 스포츠 관련 기사를 제공한다. 구글의 음악창작 인공지능 마젠타(Magenta), 인공지능 화가 딥 드림(Deep Dream)은 선행적으로 인간 화가와 작곡가의 선행적 데이터가 수반이 되어야 알고리즘을 구성할 수 있다.

1) 양질의 사용자 경험과 양질의 데이터

그런데 아무 데이터나 입력해서는 안 된다. 양질의 데이터를 수집하고 그를 바탕으로 정확한 알고리즘을 구성해야 한다. 사용자의 핵심적 경험을 발췌하고 양질의 데이터를 구성하는 것이 중요하다. 일반적으로 빅데이터라고 하여 많은 양의 데이터가 중요할 것으로 생각하는 경향이 있는데, 데이터양이 증가한다고 해서 고품질 데이터를 확보할 수 있는 것은 아니다. 왜곡된 데이터는 서비스의 정확성과 신뢰성을 저하시킬 필요가 있다. 또한 사용자의 무의미한 행위에 대한 데이터는 의미있는 사용자 경험(Meaningful User Experience)과 구별되어야 한다. 의도적으로 왜곡된 데이터, 악직절으로 변조된 데이터는 지능정보사회의 부작용적 현상을 야기시킨다. 예를 들어 사용자의 검색히스토리를 바탕으로 한 추천 알고리즘은 얼마든지 특정 집단에 의해 조작이나 자체생성이 가능하다. 소셜미디어에는 수많은 정치적 견해가 올라오지만, 이런 의견이 반드시 유권자의 생각을 대표하지는 않는다. 정치에 관해 올라오는 트위터와 페이스북 게시글의 상당수는 사람이 아닌 컴퓨터가 자동 생성해낸 것이다. 최근 몇 년간 편향된 데이터를 기반으로 한 자동 검색 프로그램이 많은 논란을 일으켰다. 구글에서 "Why are black people"이나 "Why do black people"을 타이핑하면 연관검색어로 부정적 이미지의 추천어, 관련검색어가 나온다(예를 들어 "Why are black people so loud/noise/unprofessional?"). 이는 구글 알고리즘이 흑인에 대해 편견을 가지고 있기 때문이 아니라, 인터넷 사용자들이 이런 검색어를 의도적이던 비의도적이던 검색했다는 것이다. 문제는 이런 특정 검색어를 의도적으로 계속 검색하면 자동적으로 특정 관련검색어가 나온다는 점이다. 이런 문제점으로 구글은 증오범죄나 민감한 사안에 대해 사용자의 검색횟수에 상관없이 추천어나 관련검색어 제시를 막는 정책을 시행했다. 그러나 여전히 특정인에 대한 프라이버시 침해, 잊힐 권리에 대한 침해는 여전히 계속되고 있다.

구글이나 야후 등의 플랫폼 사업자는 사용자에 대한 더 정확하고 개인화된 서비스 제공이라는 명목으로 많은 개인 정보를 수집하고 있다. 개인정보 침해라는 법적 이슈를 차치하고라도 사용자는 본인의 데이터가 어떻게, 언제, 무슨 정보가 수집되고 이용되는지 조차 모르고 있는 경우가 많다. 더 큰 문제는 이런 조작된 알고리즘으로 인해 책임 소재가 불분명하다는 문제도 갖고 있다. 알고리즘에 따라 나온 결과가 부당하게 느껴질 때 항의할 방법이 거의 없다. 최근 유럽연합이 알고리즘 때문에 피해를 본 사람에게 '설명을 요청할 권리'를 보장하는 정책을 채택했지만, 실제로 얼마나 효과가 있을지는 의문이다.

2) 지능정보사회 인간은 어떻게 행복해질 것인가

인공지능을 중심으로 모바일, 사물인터넷, 가상현실, 빅데이터에 이르는 초연결 기술이 앞으로의 세상을 크게 바꿀 것이다. 생산성이 고도로 향상되고 기계의 지능화되고 산업의 효율성이 높아질 것이다. 인공지능을 탑재한 로봇이 사회 전반에 활용되며 생산성 향상과 근로시간 감소, 건강수명이 증가함으로써 경제·사회적 혜택이 고루 확대되며, 고령화와 저출산 시대의 해결방안이 될 수 있다. 그런데 그러한 기술적 발전이 자동적으로 사람의 삶의 질을 향상시킬 것인가, 인간이 그러한 고도화되고 지능화된 삶에 만족할 것인가 하는 점은 의문이다.

지능화된 사회와 효율화된 산업구조는 필연적으로 기계가 인간의 일자리를 대체하는 고용구조의 변화를 수반한다. 인공지능은 기존의 일자리와 직업의 본질을 변화시키고, 직업과 업무 전반에 총체적 변화를 야기할 것이다. 단순하고 반복적인 일은 급격히 감소하고, 반면 고부가가치 업무는 수요가 증가하는 산업구조의 불균형을 가져온다. 언론현장에서는 벌써부터 알고리즘이 기자를 대체하고 있고 앞으로 더 강화될 그런 현상에 대해 준비하고 있다. 미래학자 로스 도슨(Ross Dawson)은 머지않은 미래에 종이신문이 컴퓨터에 의해 완전히 사라질 것이라 예측했다. 비록 완전히 신문이 사라지지는 않겠지만 실제로 언론현장에서 신문기자의 일자리가 급격히 줄고 있는 것은 전 세계적 현상이다.

지능정보기술을 가진 자와 못가진 자의 양극화가 심화될 것이고, 정보 획득의 불균형과 도덕적 해이 문제가 빈번히 발생될 것이다. 인공지능은 필연적으로 일자리 감소, 그에 따른 양극화 심화, 임금 억제 등 사회적인 문제를 야기하고 그러한 사회적인 문제는 인간의 소외, 가치 상실로 이어진다. 인공지능 간의 접촉이 증가하며 사람간 상호작용이 줄어들 가능성이 있어 몰인간성의 문제가 발생할 가능성이 크다.

따라서 지능정보사회의 도래를 너무 서두르기보다 그 속도의 완급을 조절할 필요가 있다. 사회가 어느 정도 그런 급격한 변화를 수용할 수 있는 사회적 안전장치 및 사회적 공감이 어느 정도 이루어진 상태에서 지능기술과 인간이 자연스런 상호작용이 되도록 하는 것이 바람직하다. 즉 지능정보사회는 인공지능 기술을 기계적으로 개발하는 것을 넘어 인간 중심 사회를 구현하는 하나의 도구로 쓰여야 한다. 인공지능 그 자체가 목적이 된다면 로봇이 인간을 지배하는 세상이 될 것이다.

4차 산업혁명에 대응해 경제, 사회가 총체적으로 변화하기 위해서는 기업과 국민이 변화의 동인과 파급효과를 명확히 인식하고 변화를 주도하는 것이 무엇보다 중요하다. 그러기 위해 지능정보사회 생태계의 구성 요소인 기술, 산업, 사회의 핵심 역할을 감안하면 정부와 민간의 협력을 강조하는 공공-민간 파트너십(public-private partnership)에 people을 더한 People-public-private partnership의 4P 모델이 필요하다. 최근 사물인터넷 설계에 있어 유럽의 경우 리빙랩(Living Lab)방식을 도입하며 사용자의 경험을 극대화하며 사용자 위주의 개발을 주도하고 있다. 앞으로의 지능정보사회에서 4P 협력모델을 통한 다양한 협의체의 공동 노력과 사용자 중심의 리빙랩 접근을 주목할 필요가 있다.

3. 지능정보사회의 알고리즘

어떤 과제를 해결하기 위한 처리 절차인 알고리즘이 저널리즘에 최근 응용되고 있다. 실제로는 기존 저널리즘에서도 알고리즘이 이용되어왔다. 기자가 기사를 쓰는 과정이 바로 알고리즘이다. 보도자료를 정리하고 팩트를 확인하고, 리드문을 쓰고, 취재원의 인터뷰를 삽입하고 양측의 주장을 반영하고 향후 전망으로 매듭을 짓는 기사 형식과 작성프로토콜이 알고리즘. 기자는 기사 알고리즘에 따라 정형화된 기사를 쓴다. 기자들의 경험 속에 녹아있는 알고리즘을 구조화 컴퓨팅화여 소프트웨어가 하게 하는 것이 알고리즘 저널리즘이다.

4차 산업혁명의 핵심은 인공지능이다. 인공지능은 우리의 삶과 산업을 급속도로 변화시키고 있다. 인공지능의 핵심은 자동처리기능인 알고리즘이다. 산업혁명 시대에 인간의 단순노동을 대신해주던 20세기의 기계가 아니라 지능화된 알고리즘을 통해 고도화된 전문직의 일을 수행해 내는 것이다. 4차 산업혁명은 인공지능 등의 소프트웨어기술을 통해 개인, 산업, 정부 등을 지능정보사회로 만들에 내는 혁신이다. 알고리즘으로 프로그래밍된 기계는 주식 거래, 질병 진단, 음악 창작, 대화를 통한 심리 분석, 여론 분석 등의 분야에서 인간보다 더 나은 성과를 보이고 있다. 4차 산업혁명으로 다양한 알고리즘이 광범위하게 활용될 것이고 갈수록 알고리즘이 우리 삶에 미치는 영향력은 지대해질 것이다.

1) 저널리즘에도 알고리즘

알고리즘이란 임의의 값을 입력받고 이를 연산해 출력하는 과정을 일컫는다. 일반적으로는 문제를 해결하기 위한 일련의 순서적인 계산 절차나 방법의 집합을 의미한다. 컴퓨터 기술 발전의 근본적 배경은 바로 이 알고리즘이라는 처리 방법의 진화다. 컴퓨터 프로그램을 짜는 데 활용되는 알고리즘이 최근에는 금융, 예측, 날씨예보 등 다양한 분야에 활용되고 있다. 증시매매에서 금융투자 전략을 인공지능이 스스로 수립하거나, 브렉시트(Brexit) 사태 직후 알고리즘 기반의 퀀트펀드(quantitative fund)가 파운드화의 급락을 초래하는 등 이미 전략적 결정에 인공지능의 역할이 증대되고 있다. 대량매매를 하는 기관투자가들은 프로그램 매매 시 알고리즘을 이용한 매매를 한다. 유튜브의 동영상 추천 알고리즘은 사용자의 검색데이터를 바탕으로 동영상을 추천하고 있다.

얼마 전부터 알고리즘은 언론에도 속속 적용되고 있다. 로봇 기자는 '자동 기사 작성' 알고리즘을 가진 컴퓨터 소프트웨어다. 통계내기 쉬운 데이터, 예컨대 스포츠·날씨·증권 정보를 수집·분석해 기사형 문장으로 표현한다. ≪LA타임스≫는 알고리즘이 작성한 지진 속보기사를 내고 있다. ≪보스턴글로브≫는 스포츠 기사를 로봇에게 맡기고 있다. ≪내러티브 사이언스≫는 로봇 기자를 통해 한해 150만 건의 스포츠 기사를 생산하고 있다. ≪포브스≫는 알고리즘이 쓴 금융기사도 공급하고 있다. 알고리즘은 수집된 데이터에서 가치 있는 뉴스거리를 찾아 기사의 논조까지 설정한다. 설정된 논조에 따라 알고리즘은 뉘앙스가 다른 단어로도 바꿀 수도 있다. 기사 문장은 인간이 작성했던 기존 기사들을 최소 단위로 분석해 도식화한다. 도식화된 문장에 정보를 입력하면 사람 손을 거치지 않은 기사가 곧바로 지면으로 송출된다.

전 세계적 회사들이 자동화된 뉴스를 생산하기 위한 알고리즘 개발에 몰두하고 있다. Associated Press, The New York Times, Los Angles Times 등은 자동화된 뉴스 생산을 이미 도입했다. 이들 미디어기업이 2차 산업혁명과 같이 자동화된 공정을 통해 뉴스나 신문을 자동 생산한다는 의미가 아닌, 특정 알고리즘을 사용하는 플랫폼을 사용하여 뉴스를 생성하고 이를 실시간으로 배포한다는 점이 4차 산업 혁명적 요소이다. 알고리즘이 언론분야에만 한정되지 않고, 의료, 금융, 공공분야 등의 전방위적 분야에 적용되고 있다.

2) 알고리즘에 대한 현실

그런데 알고리즘을 둘러싼 지나친 기대와 환상으로 알고리즘이 모든 것을 자동적으로 해결해 주리라고 믿는 경향이 있다. 알고리즘에 대한 기대만큼이나 그에 대한 부작용과 위험성도 크다. 알고리즘 주식매매에서 잠깐이라도 주문 실수가 발생하면 엄청난 사태가 일어난다. 금융사가 망할 정도의 손실을 볼 수 있는 것은 물론 시장과 경제도 요동칠 수 있다. 자동화된 뉴스로 인해 가짜뉴스 같은 부작용도 심화되고 있다. 여러 그럴듯한 정보의 조각들을 모아 이야기를 뉴스처럼 자동화하여 만들어내는 악의적 알고리즘의 결과이다. 알고리즘 저널리즘이 완전히 객관적이고 오류나 편견 없는 기사를 실시간으로 생성하기는 어렵다. 현실적으로는 아무리 인공지능에 의해 좋은 알고리즘이 나와도 알고리즘 저널리즘에 의한 기사도 완벽히 객관적이거나 편견이 없는 기사를 작성해내는 것은 불가능하다. 알고리즘이 대량의 데이터를 신속히 처리해 이용 빈도를 비롯한 통계 집계를 도출하고 사용자의 소비패턴 분석도 실시간으로 해낼 수 있지만 사용자의 감성과 감정까지 분석해 그 행동과 취향을 예측하는 데에는 한계가 있다. 알고리즘이 최저가 호텔이나 항공권 검색 결과를 도출해낼 수 있지만 사용자의 감성을 고려한 최적의 문화 콘텐츠를 추천하는 데 있어서는 한계가 있다.

3) 맥락을 어떻게 이해시킬 것인가?

알고리즘이 분명히 현재의 저널리즘에 큰 영향을 끼치고 알고리즘이 가지고 있는 특징이 분명 혁신적 영향을 일으킬 것임은 자명하다. 그러나 그러한 변화가 수년 내 혹은 가까운 미래에 일어나지 않을 것이다.

와꾸와 야마는 모두 언론사에서 기자들 간에 쓰는 은어로 각각 프레임과 핵심주제를 뜻하는 말이다. 알고리즘에 의해 전체적 프레임이나 구조까지 자동 설정하는 와꾸는 잡을 수 있어도 인간의 통찰력이나 미묘한 상황, 감정 등을 포괄하는 맥락적 요소인 야마는 어떻게 나타낼 수 있는가? 즉 구조는 어느 정도 잡을 수 있어도 뉴스의 뉘앙스 같은 스타일은

잡아내기 어렵다.

저널리즘에서 알고리즘이 적용되는 원리인 딥러닝(Deep Learning)은 다량의 데이터와 자료, 방대한 정보들 속에서 핵심적인 내용을 뽑아내어 일련의 기사를 뽑아내는 것이다. 즉 기자의 사고방식을 컴퓨터에게 가르치는 기계학습의 한 분야이다. 문제는 이 딥러닝이 아주 많은 데이터와 아주 오랜 시간의 최적화를 통해 일정 알고리즘을 학습한다는 것이다. 현재는 딥러닝이 이해할 수 있는 정형화된 데이터가 절대적으로 부족하고 비정형화된 데이터를 이해하기에는 현재의 기술수준이 낮다는 것이다. 이러한 딥러닝의 한계 때문에 인간기자의 판단력을 따라가는 인공지능이 개발되기는 어렵고 개발된다 하더라도 인간기자의 통찰력을 완벽히 대체하여 현실적 업무에 적용하기는 힘들 것이다. 인공지능이 완벽히 인간의 감정, 맥락을 이해하는 기능까지 발전된다면 그야말로 영화 속 터미네이터와 같은 기계가 인간을 지배하는 현실이 올 것이다.

사회적 이슈가 발생해 기사화하려 할 때 각 기자, 언론사가 그 문제에 대해 갖고 있는 지식이나 입장은 다르고 이에 따른 시각이나 해석 방법도 다르다. 예를 들어 천재지변에 관한 뉴스의 경우, 지진계를 얼마로 설정해놓고 각 지진정도에 따른 뉴스속보의 뉘앙스로 기사가 자동생성하는가를 프로그래밍하는 것은 인간이 설정하는 것이다. 기자가 경험하며 그 사회맥락이나 현실적 상황에 맞는 판단 기준, 즉 가치에 기반한다. 이 가치에 따라 문제 해결 전략이나 기사의 시각, 야마가 결정된다. 따라서 알고리즘은 가치중립적일 수 없다. 더 정확히는 가치자체에 무관심한 가치불가지적(value agnostic)이다.

알고리즘은 만드는 사람 혹은 조직이 그동안 쌓아온 지식에 따른 문제해결 전략, 즉 세계관이 담겨질 수밖에 없다. 그 가치를 창안하고 알고리즘에 주입하는 것은 결국 인간 기자가 할 일이다. 인공지능이 아무리 발전하여도 이 인간이 가치는 통찰력, 가치의 기능을 대체할 수는 없다. 여기에 알고리즘 저널리즘의 한계가 있다. 뉴스의 제작, 편집, 이용 등의 측면에서 지금도 적용되고 있는 것이 알고리즘이며 조금씩 그 적용의 기술과 기교가 향상되고 있는 것이다. 일각에서 전망하는 로봇같은 AI(인공지능)이 명문장으로 통찰력 있는 기사를 완벽하게 자동적으로 생성해 내는데 한계가 있다. 결국 인간의 감정을 이해하고 통찰력 있는 기사의 부분은 인간 기자가 할 수밖에 없다.

이런 방법론적 문제 이외에도 알고리즘은 오보나 명예훼손 등 오류에 대해 책임을 지지 않기 때문에 자동적으로 생성된 결과물에 대한 책임은 결국 배포한 기자와 신문사가 지게 되어 있다. 알고리즘의 투명성이나 신뢰도는 오류가 발생했을 때 중요한 문제로 떠오를 것이다. 특히 논쟁이 있는 주제나 개인화된 뉴스에 있어서는 더욱더 심각한 결과를 초래할 수 있다. 독자측면에서도 자동화된 뉴스의 증가로, 관련된 콘텐츠를 찾기 위한 사용자의 노력이 요구된다. 사회적으로는 자동화되고, 특히 개인화된, 뉴스로 여론의 분화와 파편화에 대한 우려가 생기고 좀 더 본질적으로는 알고리즘이 정부의 감시자로서의 언론고유의 역할을 제대로 수행할 수 있을 것인가 하는 의구심이 들 수 있다.

4) 휴먼 알고리즘: 인간경험과 인지에 기반한 알고리즘

기계적 알고리즘보다 더 스마트한 맥락과 상황을 인지하며 인간의 경험과 인지에 기반을 둔 알고리즘이 중요하다. 알고리즘이 아무리 발전해도 인간의 조정과 관여 없이는 효과적 작동이 불가능하다. 알고리즘도 사람이 만드는 것이고, 어떤 가중치나 특정 요소를 입력하느냐에 따라 알고리즘의 결과는 달라진다. 아무리 알고리즘이 똑똑해져도 역설적으로 인간만이 가지는 고유한 영역의 가치가 더 중요해진다. 감성, 감정, 통찰력 등 아직 알고리즘이 흉내 내지 못하는 인간 고유의 본성과 가치들이 있다. 인간 뇌의 네트워크는 100조 개에 달하지만, 아직 현재의 딥러닝 기술은 1~10억 개의 네트워크 조합으로 사물 인식을 하고 있다. 완벽히 인간을 흉내 내기는 불가능하고 비슷하게 작용하는데 에도 많은 시간이 필요하다. 따라서 4차 산업혁명시대에 사람과 알고리즘이 업무를 세분화하여 각기 서로 잘하는 분야를 하게하는 협력이 필요하다. 인간의 경험과 인지에 기반해 짜인 알고리즘위에 휴먼 큐레이션(human curation)이 가미되어야 하다. 대용량의 데이터분석을 통해 어떤 선호나 조회수가 높은 뉴스를 상위에 보여주는 것이 알고리즘이 할 수 있는 일이다. 그러나 어떤 분야는 인간의 가치판단이 더 우위에 있어야 한다. 구글, 애플과 같은 기업들이 기계적 알고리즘 대신 휴먼 큐레이션을 중심으로 한 휴먼 알고리즘에 방점을 두는 점은 의미심장하다. 구글이 제공하는 모든 서비스이 알고리즘을 정리해 놓은 코드이 수는 20어 개에 이른다. 구글은 많은 데이터들을 통해 알고리즘을 딥러닝을 통해 스스로 학습시키고 그를 통해 진화된 알고리즘은 인간의 숨은 욕구를 찾아내고 그 욕구를 충족시킬 알고리즘을 선순환적으로 개발시킨다. 인류의 숨은 욕구를 구체화하고, 그 욕구를 실현시킬 수 있는 정교한 서비스를 만들기 위해 다양한 학제간 인문학적 시각을 받아들인다. 구글의 알고리즘은 기계적 알고리즘이 아닌 휴먼 큐레이션이 가미된 고도의 휴먼 알고리즘이다.

5) 알고리즘의 폐해: 가짜뉴스

알고리즘에 의한 여러 폐해 중 최근에 가짜뉴스가 있다. 초연결 인터넷 환경에선 누가 가짜 뉴스를 배포했는지 알기 어렵고, 안다고 해도 해당 국가의 처벌 규정이 미비할 경우 책임을 묻기도 쉽지 않다. 검색 엔진, 소셜미디어 등 인터넷 서비스의 알고리즘은 가짜 뉴스 유통을 더욱 확산시킨다. 정보는 알고리즘을 거쳐 선별적으로 전달된다. 이때 알고리즘은 개인 맞춤형 콘텐츠를 제공한다. 이용자가 좋아하고 자주 보는 것 위주로 보여주는 방식이다. 문제는 이런 방식이 개인의 편견과 고정관념을 강화하고 가짜 뉴스의 분별을 어렵게 한다는 점이다. 정보를 제공하는 인터넷 검색 업체나 SNS 등이 이용자 맞춤형 정보를 제공하는 과정에서 이용자가 특정 정보만 편식하게 되는 현상이 생긴다. 가짜 뉴스는 확증편향성을 충족시키려는 욕구에 의해 발생하는 현상"이라며 필터버블 현상이 강화될 수 있다는 점에서 최근 가짜 뉴스의 문제점을 짚었다. 자기와 유사한 의견을 받아들여 심리적 불안정성을 제거하기 위해 가짜 뉴스를 소비하는 것이다. 개인화된 알고리즘과 확증편향을 충족시키려는 욕구가 만나 가짜 뉴스를 무분별하게 확산시키는 것이다. 결국 알고리즘이 사람들의 탐욕과 특정 의도에 따라 왜곡되고 사실로 포장해 사람들에게 제공된다는 것이 문제이다. 지능정보사회의 핵심인 알고리즘을 어떻게 효과적으로 다루느냐가 앞으로 핵심이다.

4. 가짜뉴스와 인공지능

몇 가지 사항만 입력하면 손쉽게 가짜 뉴스를 만들 수 있는 페이크뉴스(Fake News) 앱이나 자동으로 기사를 만들어 주는 사이트들이 가짜뉴스를 무차별적으로 생성하고 있다. 자극적인 정보로 클릭을 유도하여 방문수를 끌어올리고 광고수익을 높일 수 있는 가짜뉴스는 특정 의도를 가지고 있는 사람이 기획하고 비슷한 관심을 가진 사람들 끼리 공유하며 더 특정 믿음이 강화되고 플랫폼을 통해 널리 확산된다.

1) 가짜뉴스의 확산

정보의 홍수시대에 가짜뉴스(Fake news)가 난무하고 있다. 뉴스의 형태를 띠고 내용을 허위의 사실이나 편향된 사실로서 꾸며 SNS나 온라인커뮤니티를 통해 언론처럼 퍼뜨리는 형태이다. 기술의 발전과 SNS나 뉴스를 접하는 사회 풍조와 온라인커뮤니티를 통해 정보를 추구하는 행태가 맞물리면서 가짜뉴스가 기승을 부리고 있다. 가짜뉴스가 창궐하고 있는 현실은 디지털 환경에서 거짓 정보의 생성과 확산이 스마트기계에 의해 증폭되고 있음을 보여준다.

지난 미국 대선에서 실감한 가짜뉴스의 파급력은 실로 컸다. 유명 언론을 흉내 낸 가짜 뉴스가 페이스북 등 소셜미디어를 통해 많이 공유되면서 미국 대선 결과에 큰 영향을 미쳤다는 것은 널리 알려진 사실이다. 페이스북 등 소셜미디어는 이런 가짜 콘텐츠가 무차별적으로 확산되는데 플랫폼의 역할을 한 것이다. 온라인 매체 버즈피드가 미 대선 전 페이스북에서 가장 흥행한 주류 언론의 뉴스와 가짜 뉴스 20개를 비교한 결과 진짜 뉴스에 달린 댓글과 좋아요, 공유를 합친 수치가 20%이상 가짜 뉴스가 더 높았다. 가장 흥행한 가짜뉴스 20개 중 17개가 트럼프 후보에게 우호적인 기사였는데, 이런 가짜뉴스들이 워싱톤포스트, 뉴욕타임스 같은 전통의 유력미디어보다 훨씬 강한 영향력을 행사했던 것이다. 마이크로소프트가 2016년 출시한 인공지능 채팅로봇 테이는 "9·11 테러는 유대인들이 조작한 것", "홀로코스트는 과장된 것"라는 막말과 거짓을 쏟아내다가 서비스 개시 하루 만에 퇴출당하기도 했다. 국내에서도 찌라시와 메모의 형태로 카카오톡 단체대화방에서 주로 유통되던 '허위사실'은 언론기사의 외피를 쓰고 보다 더 정교한 형태로 진화하고 있다. 특히 뉴스 소비가 모바일중심으로 이뤄지고 양극화가 심한 국내의 상황에서는 가짜뉴스가 계층 간, 이념 간 진영논리로써 악용되어 여론을 왜곡하고 사회 불안을 조장할 여건이 충분하다. 스마트폰 애플리케이션과 기사작성 웹사이트들은 기성 언론사의 제호와 헤드라인, 기사폰트를 그대로 흉내내 번듯한 정식 기사처럼 쉽게 만들어낸다. 카카오톡이나 온라인커뮤니티 등 폐쇄형 SNS들은 가짜뉴스의 손쉬운 발원지가 되고 있다.

기술의 발전과 플랫폼의 대중화는 가짜뉴스 현상에 큰 영향을 끼쳤다고 볼 수 있지만 결국 가짜뉴스를 생성, 유포, 확산하는 데 결정적 역할을 하는 것은 기계가 아닌 사람이다. 가치중립적인 기계는 스스로 사람을 속이거나 거짓정보를 자동 생성하여 페이스북을 통해 확산시킬 동기가 없다. 특정 의도나 목적을 가지고 기계의 프로그램을 설계하고 알고리즘을 작성한 사람이 가장 큰 잘못이 있는 것이다. 자극적인 정보로 클릭을 유도하여 방문수를 끌어올리고 광고수익을 높일 수 있는 가짜뉴스는 특정 의도를 가지고 있는 사람이 기획하고 비슷한 관심을 가진 사람들끼리 공유하며 더 특정 믿음이 강화되고 플랫폼을 통해 널리 확산되는 메커니즘을 가졌다. 가짜뉴스는 특정사안을 진짜로 믿고 싶은 이들에게 널리 퍼지고, 확산될수록 진짜 뉴스로서의 힘을 얻는다. 결국 듣고 싶은 것만 듣고, 보고 싶어하는 것만 보며, 믿고 싶은 부분만 믿고 싶어 하는 선택적 인지심리와 경제적 동기가 가짜뉴스 현상에 큰 영향을 끼쳤다고 볼 수 있다.

2) 인공지능으로 가짜뉴스를 근절할 수 있나?

그렇다면 가짜뉴스를 줄이는 방법은 기술의 문제보다 사람의 동기영역에 초점을 맞추어야 한다는 얘기가 된다. 페이스북과 구글은 자신들이 가짜 뉴스 유통의 플랫폼이라는 비판에 개선책을 마련했다. 페이스북은 인공지능 기술을 활용해 이용자가 가짜 뉴스를 누르기 전에 가짜 뉴스임을 알려주는 표지를 달고 있다. 구글은 가짜 뉴스 사이트에 광고가 달리지 않도록 해 경제적 유인을 없애는 등의 알고리즘을 개선하겠다고 밝혔다. 카카오톡은 초기화면에 가짜 뉴스나 허위정보의 경고문을 사용자에게 보여주고 그 위험성을 인지시키고 있다. 가짜 뉴스를 적발하기 위해 인공지능 기술은 '사실 검증'(팩트체킹)에 뛰어들고 있다. 미국의 '폴리티팩트(Politifact.com)', '팩트체커(The Fact Checker)', '팩트체크(Factcheck.org)' 등의 팩트체커 소프트웨어는 인공지능을 활용해 사실 여부를 확인하거나 방대한 데이터베이스를 구축한 뒤 알고리즘을 통해 사안별로 조회하고 있다. 이런 방안들은 다분히 기술기반적 접근으로 가짜뉴스의 폐해를 줄일 수는 있지만 근본적 해결책으로는 부족하다.

3) 뉴스의 딜레마

뉴스는 본질적으로 객관적 현상과 주관적 판단이 혼재되어 있기 때문에, 기계와 알고리즘의 역할은 제한적일 수밖에 없다. 사실을 검증해 거짓을 밝혀내는 작업 절차를 알고리즘이나 인공지능의 도움을 받아 간소화할 수 있으나, 최종적 판단은 사람의 몫이고 뉴스를 수용하는 사회전체의 문화에 달려있다. 가짜뉴스의 폐해를 막는 길은 흘러넘치는 정보속에서 좋은 정보와 가짜 정보, 좋은 미디어와 사이비 언론을 구분할 수 있는 미디어 리터러시(Media literacy)를 향상시키는 것이다. 습득한 정보를 토대로 비판적, 창조적으로 사고할 수 있는 절제된 미디어 리터러시가 모아져 사회적으로 성숙되고 건전한 온라인 문화를 형성할 수 있다. 최근 허위정보와 가짜뉴스는 기술을 나쁜 목적으로 악용하려는 사람들이 기존 법규의 허점과 사람들의 느슨한 정보 수용 관행의 맹점을 노린다는 게 공통점이다. 인공지능이 스마트화되고 지능화되었지만 기술 자체로 거짓말을 막기에는 한계가 있다. 가짜뉴스가 특정의 나쁜 목적으로 악용되는 것을 막으려면, 이용자들의 기술 이해가 더 깊어져야 하고 뉴스미디어의 공적책무를 강화하고 가짜뉴스에 대한 개념을 정립해 시급히 규제해야 한다. 가장 중요한 것은 건강한 인터넷문화의 확립이 필수적이다.

5. 4차 산업혁명과 인지혁명

4차 산업혁명은 인지과학의 진보와 밀접한 관련이 있다. 인공지능, 사물인터넷은 스스로 생각하고 행동하며 학습하게 하는 것이다. 인공지능이 빅데이터를 가지고 스스로 학습하면서 일정한 패턴을 찾아내고 미래를 예측하는 머신러닝이 활성화될 것이고, 인지과학이 발전함에 따라 뇌와 지능, 생각과 의식의 메커니즘이 새롭게 규명되고, 방대한 빅데이터가 축적, 결합되면 인간에 근접한 인공지능도 출현이 멀지 않을 것이다.

1) 4차 산업혁명은 인간혁명

2013년 개봉된 영화 〈그녀(Her)〉에서 주인공은 가상비서(인공지능운영체제) 사만다(스칼렛 요한슨)와 일상에 관한 대화를 나누고 영적교류를 하며 결국 사랑에 빠진다. 자신을 멀리하는 현실의 진짜 아내보다 자신의 말에 귀 기울이고, 감정을 이해해주는 가상비서로 인해 행복을 되찾고 인공지능을 사랑하게 된다는 내용이다. 영화이지만 4차 산업혁명의 핵심기술인 인공지능에 관한 개인 맞춤형 AI(인공지능) 비서가 끌고 올 미래상의 한 단면일 수 있다.

4차 산업혁명은 빅데이터, 인공지능, 사물인터넷 등의 기술을 이용해 인간의 신체 및 인지의 대상을 향상시키는 인간 능력 확장을 의미한다. 인간 능력이 확장되면 현실은 확장된 현실, 곧 증강현실이나 맞춤현실이 된다. 영화 〈그녀〉에서 실제로 존재하지 않는 가상비서를 인간으로 인지하고 사랑의 대상으로 인식하는 것이다. 확장된 현실에서 인간의 인지능력도 확장되고 인간의 사용자 경험(UX)도 개인화, 맞춤화되어간다. 인간의 인지기능을 향상할 뿐만 아니라 인간이 세상을 보는 관점을 바꾸는 패러다임의 개혁이며 인간의 전통적 역할을 바꾼다는 점에서 '인간 혁명'으로 볼 수 있다. 인간의 다양한 활동을 알고리즘으로 포착해 분리·확장·재결합하는 것이 4차 산업혁명의 핵심이다. 즉 4차 산업혁명은 기술 자체의 혁신이라기보다 기술의 융합과 인지혁명을 결합한 인간의 사용자 환경(UI)과 UX의 혁신이요 그를 통해 궁극적으로 인간에게 편의를 제공하는 인간중심의 혁명이다.

1차에서부터 3차에까지 이르는 산업혁명의 단계적 역사는 기본적으로 기술 중심의 혁신이었다. 증기기관을 이용한 공장식 생산(1차), 전기와 자동화기술을 이용한 대량생산(2차), 인터넷과 디지털기술의 정보화혁명(3차)은 새로운 기술개발이 모멘텀이 된 기술혁신이었다. 물론 4차 산업혁명도 기술이 중요한 역할을 하지만 그러한 기술이 완전히 새로운 기술은 아니다. 사물인터넷, 빅데이터, 인공지능, 가상현실 등은 최근에 나온 새로운 기술이 아니라 3차 산업혁명에서 이미 개발되었고 또 개발진행중인 기술이다. 빅데이터는 예전의 데이터마이닝이 이어진 것이고, 사물인터넷은 이전의 유비쿼터스 컴퓨팅이었고, 인공지능, 로봇도 오래전부터 연구가 되어 왔던 분야이다. 또한 3D, 가상현실 등도 1990년에 이미 기술적으로 개발이 완료되었던 기술이다. 최근에 4차 산업혁명이라는 이름으로 새롭게 주목받게 된 계기는 이들 기술이 새로운 UI와 인터페이스로 사용자의 경험을 극대화한 서비스, 최적의 개별화·맞춤화된 콘텐츠와 결합되었기 때문이다. 즉 4차 산업혁명은 다양한 기술들이 인간의 인지영역과 융합하여 인간에게 도움을 줄 수 있는 인터페이스 혁명이요 사용자 경험의 확장인 것이다. 사물에 인터넷 연결이 가능한 센서를 붙이는 것이 3차 산업혁명이라면 4차 산업혁명은 그 연결된 센서위에 새로운 UX를 만들어내고 새로운 가치를 도출하여 블루오션적 산업기회를 만들어내어 초연결사회의 새로운 생태계를 만들어낸 패러다임의 혁신이다.

4차 산업혁명은 UX 혁명으로 이전에 가능하지 않았던 기능을 만들어내고 환자와 의사를 가로막았던 모니터가 없어지는 등 물리적 성격의 인터페이스가 사라지게 하고 있다. 만성질환을 관리하는 헬스케어 시스템이나 자율주행자동차를 포함한 교통인프라, 에너지 절약과 안전을 지키는 스마트홈 같은 사물인터넷 서비스는 이전에 인간이 할 수 없었던 많은 일들을 센서를 통해 가능하게 해줄 것이다. 테니스나 농구공, 축구공, 골프채에 센서와 4G통신을 부가한 서비스, 침대 밑에 센서를 부착해 수면상태를 분석하거나 숙면을 유도하거나 자율주행자동차에 주변 환경을 자동적으로 인지하기 위해 센서를 부착하는 것들이 사용자 환경의 변화이다. 어떤 정보를 어떻게, 더 나아가 왜 분석하는지를 실시간으로 알려주는 데이터환경이 구축될 것이다. 이 과정에서 자동화하고 인간에게 적절한 인터페이스를 제공하는 것이 인공지능 기술이며, 이것에 인간과의 감성적 교류를 포함한 특별한 기능까진 더해 구체화된 것이 로봇공학 기술이다.

2) 사용자중심의 혁신

이러한 환경이 안정되게 구축되기 위해서 완전한 사용자중심의 기술, 환경을 만들어내는 인지과학의 혁신이 수반되어야 한다. 인지과학은 인간중심의 원리에서 4차 산업혁명을 이끌고 조율하는 역할을 수행하고 있다. 기술자체의 발전도 중요하겠지만 인간이 세상을 인지하는 과정과 사용자 관점의 변화가 4차 산업혁명의 핵심이다. 예를 들어 증강현실게임

포켓몬고는 인간이 기존의 게임을 인지하고 즐기는 방법에서 벗어나 현실과 가상현실의 적절한 조합을 통해 인간의 머리로서만 인지했던 전통 게임을 넘어 실제 환경에서 뛰면서 다른 사람들과 어울리며 게임을 이어가는 체화된 인지가 성공의 비결이다. 즉 최근의 가상현실 기술은 인프라 기술이라기보다는 새로운 인터페이스의 등장이며, 증강현실은 인간 주변의 물리적 환경과 위치까지 더해진 사용자 경험이다. 앞으로 4차 산업혁명의 기술은 이와 같이 인간의 인지의 확장과 관점의 변화를 유도하는 기술이 성공을 거둘 것이다. 아울러 사용자 경험의 개인화와 인간의 자연스러운 행동을 유도하는 행동유도적 기술이 4차 산업혁명의 핵심 기술이 될 것이다. 따라서 빅데이터, 인공지능, 사물인터넷 등은 기술 중심으로 접근하기보다 인간중심의 관점에서 해석, 접근, 디자인되어야 한다. 영화 〈그녀〉에서처럼 개인 맞춤형 AI 비서, 가상 대화 친구, 인공지능 전문가 조언 시스템들이 단순히 최적화된 운영체제라면 기존의 자동응답기와 크게 다를 바 없을 것이다.

3) 사용자 경험으로서의 몰입

가상현실 게임, UHDTV, 홀로그램, 실감형 영상 등의 공통점은 무엇인가? 사용자의 몰입이다. 지능정보사회의 기술은 사용자에게 새로운 몰입 환경을 제공하는 방향으로 진화한다. 더 높은 몰입은 증강현실처럼 점차 인간과 기술의 경계를 허무는 역할을 한다. 인간은 몰입을 통해 시공의 한계를 뛰어 넘고 싶어 한다. 역설적으로 스마트 시대에 스마트폰, 인터넷, 메신저 등이 일상화되며 집중을 방해하는 환경이 되고 있는데 사용자 개인적으로는 특정 미디어에 빠져들고 싶어한다. 정보의 과부하와 콘텐츠의 홍수 속에 자신이 좋아하는 콘텐츠와 서비스에만 몰입하고 싶어 하는 개인화의 욕구의 발로일 것이다.

미래의 지능정보사회는 이러한 몰입이 좀 더 개인화되고 고차원적으로 발전될 것이다. 지능정보사회의 기술이 발전할수록 그 강도와 심취의 깊이가 더해간다. 사물인터넷, 3D, 홀로그램 등은 기술과 사용자의 경계를 허물고 몰입을 단순한 기술적 차원의 영상 몰입이 아닌 사용자 차원의 개인화된 경험으로 승화시키고 있다. 저명한 인지심리학자 미하이 칙센트미하이는 인간이 가장 행복을 느끼는 상태가 몰입인데 인간의식이 몰입 상태에 있을 때 인간은 가장 행복감을 느낀다고 하였다. 이러한 인간의 근본적 욕구인 몰입은 앞으로 더욱 더 콘텐츠·영상·서비스에 몰입할 것이고 산업은 그 욕구를 최대한 충족하기 위한 기술을 개발할 것이다. 지능정보사회에서의 콘텐츠나 서비스는 사용자의 몰입 경험을 극대화하는데 초점이 맞추어져 있다.

4) 기술적 몰입과 사용자의 몰입

그런데 몰입이 HMD, 가상현실 등의 기술적 몰입과 사용자가 인지하는 몰입은 다를 수 있다. 화소, 해상도, 정세도가 높아도 사용자는 오히려 역겨움, 멀미, 현기증 등의 생리적 반응을 통해 거부감을 느낄 수 있다. 사용자가 가장 편안하게 느끼는 최적의 몰입도가 있을 수 있다는 얘기다. 마켓팅에서 마켓쉐어(market share)와 다른 마인드쉐어(mind share)가 있고, 방송프로그램에서 시청률과 다른 프로그램 관여도가 있듯이 몰입도 기술적 몰입과 다른 사용자가 인지하고 느끼는 몰입이 있다. 시장점유율과 다른 고객의 실질적 선호도나 시청률과 다른 시청자의 실질적 몰입도는 사용자의 실질적 경험의 질이라 할 수 있다. 마찬가지로 가상환경에서 사용자가 실질적으로 인지하고 느끼는 경험의 질이 기술적 속성보다 중요할 수 있다. 기술적 몰입만으로는 중독과 같이 어떤 활동에 지나치게 몰두하여 의존하게 되는 부정적인 결과가 나올 수도 있다. 사용자가 원하여 능동적으로 경험하는 몰입은 어떤 서비스에 완전히 집중하여 소정의 결과를 순조롭게 달성하는 긍정적인 결과를 수반하는 것을 말한다. 그래서 가상현실 등 여러 기술이 발전하면서 사용자 기반의 몰입지수 개발이 박차를 받고 있다.

최근 몰입에 관한 연구는 몰입의 기술적 속성과 더불어 사용자의 개인적 성향, 선호도, 성격과 특정 환경에 따라 크게 달라진다는 결과를 내놓고 있다. 즉 몰입이 기술적으로 정의되고 결정된 절대적 요인이라기보다 사용자의 개인적 특성과 특정 환경에 따라 가변적으로 달라지는 상대적이고 유동적인 것이라는 점이다. 이런 측면에서 최근의 미디어는 적극성, 사회성, 참여성, 상호작용성이 가미된 새로운 차원의, 다층적 몰입환경을 제공하려 노력하고 있다. 결국 지능정보사회의 몰입은 개인화, 다층화, 고급화될 것이다. 인공지능을 통해 사용자의 선호도, 성향을 먼저 파악하고 가상공간에 최적의 몰입환경을 디자인하며 사용자의 참여와 인터랙션을 이끌어내는 능동성이 사용자의 몰입을 극대화한다. 인공지능이 사용자의 내면과 환경의 맥락성을 완전히 이해하여, 가상현실에서 실시간으로 적용하고 변경하게 될 때 완전한 무아지경의 몰입이 구현될 수 있을 것이다. 즉 사용자와의 접점을 넓히는 과정을 통해 몰입을 극대화할 수 있다.

참고문헌

강정수, 이성규, 최진순 (2015). 〈혁신저널리즘〉. 박문각.
김선호, 박대민, 오세욱 (2015). 〈스트럭처 저널리즘, 데이터 저널리즘을 넘어서〉. 2015 해외 미디어 동향. 한국언론진흥재단.
신동희 (2017). 〈VR, AI, 저널리즘〉. 커뮤니케이션북스.
신동희(2011). 〈스마트융합과 통섭3.0〉. 성균관대학교 출판부.

신동희(2013). 〈빅데이터와 언론〉, 2014. 08. 커뮤니케이션북스.
신동희(2015). 〈빅데이탈러지〉, 2015. 02. 커뮤니케이션북스.
신동희 (2017). 4차 산업혁과 인지혁명. 세계일보. 2017년 2월12일 23면 기사.
세계일보(2017.3.8.), 알고리즘의 두얼굴. 사이언스 프리즘 칼럼.
신동희 외 7명 (2015). 〈인간초연결사회를 살다〉. 커뮤니케이션북스.
클라우스 슈밥 (2016). 〈클라우스 슈밥의 제4차 산업혁명〉. 송경진 옮김. 새로운 현재 출판사. 2016년 4월 20일 출간
최성필, 김혜선, 김지영 (2015). 구조화된 저널리즘 서비스를 위한 과학 칼럼 정보 지식화 프레임워크 설계. 〈한국문헌정보학회지〉, 49권 1호, 341-360.

2부

소비자와 기업의 가치 공유

5장 소셜 서비스를 통한 소비자와 기업과의 연결 가치

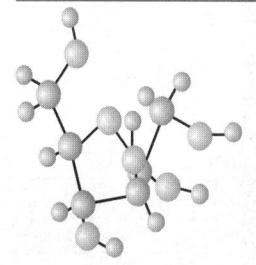

최재원

1. 서론

소셜 네트워크를 이용한 사회적 연결성이 강화됨에 따라 다양한 사회적 플랫폼을 이용한 소셜 네트워크 서비스의 확산이 진행되고 있다. 특히 소셜 커머스 및 소셜 네트워크 서비스를 활용함에 따라 기업은 마케팅 프로모션의 응용뿐만 아니라, 이벤트 홍보부터 직접적인 제품판매까지 소셜 네트워크 서비스를 이용하여 사회적 이점을 활용한 효율성을 강화하고 있다.

소셜 서비스는 소셜 커머스 및 소셜 네트워크 서비스에서 확장된 개념으로 소비자 간의 관계(소셜)를 기반으로 각 사용자들의 개인적 특성에 따른 개인화 서비스로서의 특성이 주요 강점으로 제시되고 있다. 또한 개인화 서비스 플랫폼은 다양한 형태로 개인의 삶에 적용되고 있다. 특히 협업 필터링(Collaborative Filtering)을 기반으로 개인 취향에 적합한 제품을 제시하는 개인화 추천 시스템을 선두로 실시간 데이터 분석을 통한 뉴스 및 디지털 콘텐츠의 제공과 모바일 디바이스의 발달은 개인 삶의 증진에 기여하고 있다. 따라서 소셜 서비스의 개인화는 개별 소비자의 니즈와 특성을 반영한 이점을 제공함으로써 웹에서의 연결성 및 삶의 질 향상에 매우 중요하다.

소셜 서비스의 확산은 기업 활동에 대한 소비자의 참여로 이어지고 있으며 이는 B2C 거래인 소셜커머스뿐 아니라 B2B 활동의 촉진을 개선함으로써 소비자와 기업의 연결 시장을 발생시키고 있다. 그에 따라 사회적 연결 관계를 통한 기업의 제품개발에 소비자 참여가 확대되고 있다. 또한 개별 소비자의 기업 설립을 통해 더 많은 연결가치를 발생시킴에 따라 스타트업 기업의 도래가 가속화되고 있으며, 부가적인 사회적 시장

가치의 향상을 이끌고 있다는 점에서 '연결된 삶'과 '연결된 소비자-기업의 시장가치'는 매우 중요한 사회 현상으로 자리 잡았다.

협력적 창조경험 전략과 함께 일반 고객들을 대상으로 하는 클라우드 소싱(Crowd Sourcing)은 해결 범위가 넓고, 기존 소싱 대비 초기 투자비용이 적으며, 이전보다는 빠르게 해결방안을 찾아 낼 수 있다는 장점이 있다. 그러나 기업 입장에서 더 구체적이고 효율적인 맞춤 소싱을 위한 방안으로서 웹을 이용한 클라우드 소싱을 활용해야 한다. 특히 소셜 웹 기반의 제품 수명주기관리(PLM: Product Lifecycle Management)의 기본적 특성은 PLM 기능과 소셜 컴퓨팅의 결합이다.

개인화 소셜 서비스를 통해 연결된 플랫폼 기반의 개인 삶의 질 향상에 대한 고찰과 함께 소비자-기업의 연결된 플랫폼은 시장가치의 향상에 대한 효과성을 확인할 필요가 있다. 따라서 본 장에서는 개별적 사례를 바탕으로 소비자 특성을 통한 효율적 제품 개발의 시장 가치 확산 측면을 협력적 창조(Co-creation) 관점에서 확인하고자 한다.

2. 웹 2.0 환경에서 집단 지성을 활용한 소셜 컴퓨팅 활용

웹 2.0 환경에서 정보기술 응용은 제조기업 활동의 진화를 촉진시키는 역할을 하고 있다. 위키피디아와 소셜 네트워크 서비스와 같은 집단 지성(Collective Intelligence)을 활용한 개인의 경험을 바탕으로 정보 공유와 토론활동을 통한 개방형 협업(Open Collaboration)은 그 활용범위가 매우 넓어지고 있다. 특히 웹 기반 협업을 통하여 공통의 관심사 또는 지식을 공유함으로써 빠른 업데이트와 시간 효율적 정보 공유가 가능해졌다. 소셜 컴퓨팅(Social Computing) 기반 기술은 Wikis, Microblogs, RSS/RIR, Tagging, Social Network,

Instant Messaging 등과 같이 다양하다. 소셜 컴퓨팅을 통한 IT와 시장의 상호작용은 산업 마케팅 분야와 전략 실현을 융합시킨다. Facebook과 YouTube, Wikipedia의 성공은 소셜 컴퓨팅 활용 전략과 기반 기술을 결합하는 연쇄효과를 확인시켜주고 있다. 최근 제기되고 있는 클라우드 소싱을 활용한 집단지성을 활용하기 위하여 소셜 컴퓨팅 기반의 고객 참여기회는 제품 개발을 위한 마케팅 전략 수립에 두드러진 역할을 하고 있다.

집단지성의 개념은 인터넷에서 사용자 간의 정보 공유와 개발에서부터 시작하여 소규모 관심그룹, 조직, 기업 부서간의 토론 등 다양한 범위에서 활용되고 있으며 기업 내부와 외부 이해관계자와의 협업으로 점차적으로 확산되고 있다. 특히 제품 관련 이해관계자 간의 상호작용을 통하여 사용자들의 직접적 의사소통이 가능해짐에 따라 상황적 협업을 통한 상호작용이 증대되어 집단지성의 활용은 기업에게 새로운 제품 마케팅 및 개발 기회가 되고 있다.

집단지성이 활용된 사례로 화이자(Pfizer)의 아이디어 팜(Idea farm)이 있다. 기업 내부의 직원뿐만 아니라 직접 사용하는 소비자까지 내·외부로 형성된 집단지성을 통하여 현안을 해결할 새로운 아이디어를 제시하기 위하여 화이자는 전세계에 있는 챌린지(Challenge)라는 대상에게서 아이디어를 수집했다(IBM 글로벌 CEO 스터디). 집단지성의 활용은 정보 비즈니스 분야에서 각광 받고 있다(김관용, 2014).

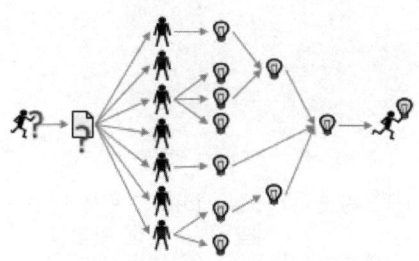

〈그림 5-1〉 Pfizer의 Idea Farm

3. 협력적 창조경험을 위한 소셜 PLM의 활용

일반적으로 제조 기업은 적절한 사업화 요구 대응을 위해 내부역량 관리가 필요하며 외부로부터의 조언을 효과적으로 내부 역량과 결합하는 시너지를 발생시키는 것이 필요하다. 기업 위주의 단순 제품 마케팅 전략의 수립에 반해, 웹을 이용한 협력적 제품 개발 마케팅은 기업 내/외부 전문가와 고객의 협업이 가능한 공용 의사결정 플랫폼으로서 협력적 창조경험을 실현하기 위한 중요 요소이다.

이런 협력적 창조경험을 위해 중요한 것은 소셜 PLM의 활용이다. 소셜 서비스 기반 제품 개발 마케팅을 위한 전통적 마케팅 전략과 소셜 컴퓨팅의 결합은 소셜 컴퓨팅 기술과 제품수명주기(PLM:Product LifeCycle Management) 솔루션을 연계하는 시나리오 기반의 제품 개발 활동과 관련 프로세스의 효율화에 대해 집중한다. 통합 소셜 컴퓨팅은 제품 개발 체계를 기반으로 고객 수요에 대한 지식 획득과 소셜 플랫폼을 이용한 고객과의 정보 공유 및 직접적 고객의 참여를 가능케 한다.

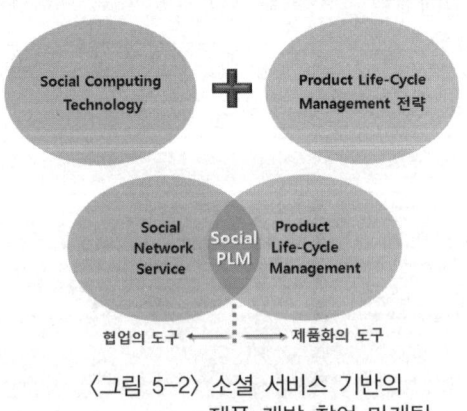

〈그림 5-2〉 소셜 서비스 기반의 제품 개발 참여 마케팅

〈그림 5-2〉와 같이 소셜서비스 기반의 제품 개발 마케팅은 소셜 컴퓨팅 환경과 제품 개발을 주도하는 프로세스가 결합되어 사회적 제품 개발의 기반을 마련하며 소셜 마케팅 기반의 고객참여 구조를 촉진한다. 그러므로 사회적 자본을 활용한 협력적 제품 창조 경험을 제공함으로써 기업 이점과 응용방식을 구분하고 소셜 마케팅 기반의 소비자 참여활동의 응용을 위해 기업 특성에 맞는 전략을 고려해야 한다.

전통적인 PDM(제품데이터관리, Product Data Management)은 조선 및 항공기산업 등과 같은 대용량의 도면이나 BOM(Bill Of Material) 데이터 관리 목적으로 제시되었다. 소셜 PLM은 소셜컴퓨팅 플랫폼과 PLM의 물리적 결합을 통하여 PLM 전략으로서의 정보 원천을 개방적으로 활용하는 능력으로서 PLM의 기능적 모듈과 기업 내부의 사회적 자본을 기업의 외부와 융합하는 프레임워크로서 정의한다. 기존 선행연구들에서 제시한 각 특성을 바탕으로 〈그림 5-3〉과 같이 소셜 PLM 프레임워크를 확인할 수 있다.

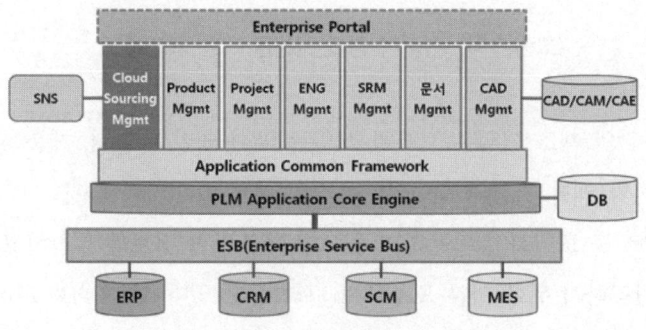

〈그림 5-3〉 소셜 PLM 프레임워크

소셜 PLM의 프레임워크는 PLM 솔루션 각각의 코어엔진을 기반으로 구성된다. 코어엔진은 각 PLM 솔루션의 출시시기, 적용 IT 기술, 네트워크의 인프라에 따라 독창적인 구조를 갖거나, 일반적인 프로그래밍 언어에 의하여 구현될 수 있다. 적용되는 기업의 특성에 따라 새로운 기능을 추가하거나 내외부의 정보 연계와 사용자 편리성 구현을 위한 UI(User Interface)를 변경할 수 있도록 하는 툴킷은 기본적으로 제공된다. 이 툴킷에는 데이터베이스 정의에 대한 접근과 편집 및 변경이 가능한 기능, UI를 다양한 방법으로 추가하거나 편집, 삭제할 수 있는 기능, 어플리케이션 계층이나 코어엔진에서 제공하는 업무 처리 프로세스를 변경하거나 추가, 삭제할 수 있는 기능을 제공한다.

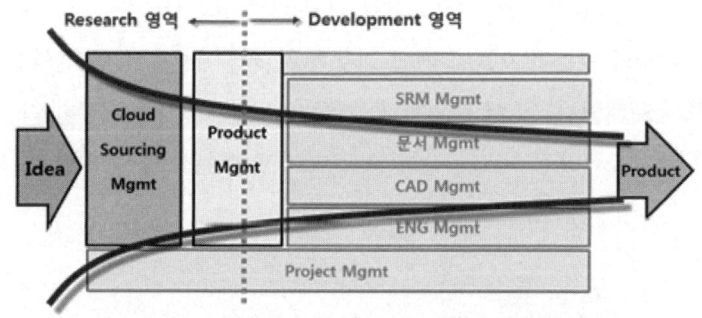

〈그림 5-4〉 협력적 창조 실천을 위한 제품화

대부분의 제조 기업은 보유하고 있는 R&D 역량의 발휘, 제품의 안정적 출시와 개발 기간의 단축 및 품질의 향상을 위하여 다양한 IT 자원, 특히 PLM을 도입하여 활용하고 있으며 제품관련 정보를 통합하고 유연하게 관리하기 위한 기본 도구로써 자리 잡고 있다. 소셜 PLM 프레임워크의 활용측면에서 협력적 창조 전략의 실천을 위한 제품화는 〈그림 5-4〉와 같이 정리할 수 있다. 소셜 PLM은 IT기술을 기반으로 다양한 기능 모듈을 정의하는 동시에 모듈의 특성에 따라 협력적 창조를 실천할 수 있도록 하는 클라우드 소싱 기능 모듈을 PLM의 내부에 직접적으로 연계하였다. 따라서 기존 PLM이 활용하는 내부 관리 이점에 추가로 기업 외부 요소를 통하여 클라우드 소싱을 활용할 수 있다는 점에서 제품관리에 대한 R&D영역을 보다 확장할 수 있다.

최근 PLM의 적용 범위는 생산과정 뿐만 아니라 제품 소비 과정의 소비자까지 이해관계자들을 확장하고 있다. PLM은 기업들이 제품 발상부터 설계 및 제조, 서비스 및 폐기까지 제품 생애주기를 비용 효과적으로 관리할 수 있다. 그러나 전통적 PLM 연구들은 산업 특성에 기인한 PLM 도입 관점과 정보기술 응용관점의 정보 교환 및 정보 자원 축적, 정보 구조에 한정된 연구가 주류를 이루고 있다. 전통적 PLM연구들이 제시한 기업 내부의 제품 개발과정의 관리적 측면과 비교할 때, 소셜 PLM의 역할은 내부 및 외부 전문가 및 소비자들과 같은 사회적 자본을 통해 제품 개발에 대한 의견 공유 등을 통해 제품 개발을 수행하는 것에 있다. 특히 제품 개발에 대한 정보 공유와 의견 교환을 통하여 정보기술 기반의 가상 워크스페이스는 광범위한 업무 협업이 가능하다는 점에서 소셜 PLM의 구현은 전통적 PLM의 이점을 향상시킬 수 있다.

4. 협력적 창조경험 기반의 개인과 기업의 협력적 창조가치 사례

1) P&G의 협력적 창조경험 사례

협력적 창조경험은 기업-고객 상호 가치를 창조하고 지속적으로 그 가치를 강조하는 기업전략이다. 기업-고객의 상호 가치는 개인화되고 독특한 고객의 경험을 통해 향상되며 기업에게 소비자의 높은 몰입과 충성도를 구축하게 한다. 기업 내부에 의한 가치 형성에 비해서 Napster와 Netflix

와 같은 고객과 기업 간 협업을 통해 발생되는 제품 가치는 기업의 제품 창조 활동에 영향을 줄 수 있다.

제품 개발 및 생산 활동에 대해 협력적 창조경험은 필수요소이며 고객 니즈에 대한 맞춤화 제품 제공 측면에서 매우 중요한 요소이다. 특히 기업이 필요로 하는 IT자원을 원하는 형태의 맞춤 솔루션으로 제공하려는 클라우드 컴퓨팅(Cloud Computing) 관점에서, Amazon, Microsoft, Dell, IBM, Google 및 Yahoo와 같은 기업은 인터넷을 통하여 고객 대상 기업이 필요로 하는 IT 인프라의 다양한 요소에 대한 맞춤 아웃소싱을 제공하고 있다. 따라서 클라우드 컴퓨팅은 기업 인프라와 고객을 바탕으로 서비스 제공기업의 플랫폼을 확장할 수 있다. 클라우드 소싱(Cloud Sourcing)은 IT 기반 기술로서의 관점과 함께, 시장에서의 협업 도구로서 활용이 가능하며, 의사결정사항에 대하여 전문가 및 고객을 소싱 자원으로 활용하여 협력적 창조경험을 가능하게 하는 기반 기능이다. 〈그림 5-5〉와 같이 P&G에서도 이와 관련된 고객 협력 마케팅 툴을 통하여 제품 개발을 수행하고 있다.

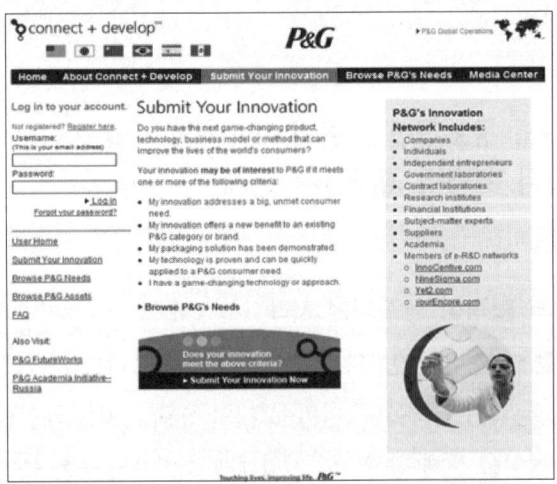

〈그림 5-5〉 P&G의 Connect & Develop 사이트

고객-기업 간 협력적 제품 창조 활동을 위한 가장 중요한 요소는 IT기술을 통한 제품 개발을 위한 참여 마케팅 프로세스의 개선이다. 제품 기능성에 대한 고객참여 강도가 커질수록 시장, 고객 특성, 기업 특성 그리고 제품 특성을 반영할 수 있으며 각각의 특성을 고려하기가 더욱 쉬워진다. 다시 말해서, 기업은 기존 고객화로부터 진행되어온 고객 참여와 협업적 제품 활동을 수행하려는 기업 노력에 의해 협업적 제품 창조자로서 고객을 인지하고 소셜 컴퓨팅 기반의 고객 참여 활동을 수행할 필요가 있다.

Title	Created	Description	Innovation Categories
Rinse Suds Control Technologies for Detergent Powders	2011. 12. 13	We wish to partner with external experts to identify novel techno ... more	Laundry & Fabric
Improved Ink Appearance and Adhesion	2011. 11. 7	Seeking commercial technologies that can improve the appearance a ... more	Engineering/Manufacturing Solutions
Next Generation for Immersive Visualizations	2011. 7. 3	We are looking for innovations that can help us deliver better vi ... more	Consumer Research Methods and Models, Market Research Methods and Models
Mobile Delivery of Business Intelligence	2011. 7. 1	Seeking innovations that can better deliver and administrate busine ... more	Consumer Research Methods and Models, Market Research Methods and Models
Superior Antibacterial Benefit	2011. 6. 16	Compounds to delivery superior bacterial benefits. See attached ... more	Oral Care- Paste & Others

〈그림 5-6〉 P&G Connect & Develop에 등록된 과제 목록

〈그림 5-6〉과 같이 C&D 사이트를 통하여 고객들의 협업이 이루어지며 기업의 현안 및 당면한 문제를 해결하는 일련의 과제를 고찰하고 고객들의 참여를 통한 개방형 혁신을 활용하여 실질적인 문제 해결이 가능하다.

제조 기업 및 제품 정보 연계 등 모든 영역에 대하여 적극적인 소비자들은 다양한 정보를 활용하여 불만을 해결하고 영향력을 행사하는 활동을 추구한다. 특히, IT기술 환경과 도구를 활용하는 소비자 활동이 확대됨에 따라 기업과의 상호작용을 통한 협력적 창조 가치는 증대될 수 있다. 따라서 기업은 내부 역량에 집중하는 것만이 아닌 다양한 가치 창조 시스템에 집중해야 한다.

특히 사회적 협업 구조는 다양한 시장구조에서 비용절감과 효율성 향상에 중요하다. 〈그림 5-7〉과 같이 사회적 협업 구조, 개방형혁신을 통하여 연구개발에 들어가는 비용은 적극적 소비자들의 참여로 줄어들고 관련된 효용성은 증가한다. 사회적 협업은 초기 제품 수명 단축과 환경적 영향력 감소, 제품 품질 향상, 제품 개발 과정의 유연성 향상, 제품 관련 데이터 통합 등을 지원하고, 제품 개발 주기 감소, 기업 정보 접근에 대한 복잡성 감소, 프로젝트 관리 향상, 공급 사슬 협업 등 다양한 영역이 있다. 소셜 컴퓨팅의 IT 기술과 시장의 협업 마케팅 전략은 다양한 산업 분야와 전략 개념으로 융합되는 현상을 빈번하게 확인할 수 있다. 앞서 언급한 Facebook과 YouTube, Wikipedia의 사례는 단순한 고객 수용 전략뿐만이 아닌 다방면에서의 소셜 컴퓨팅의 전략과 기반기술을 결합하는 연쇄효과를 발생시켰으며 제품 개발 마케팅 분야에서도 적용이 가능하다.

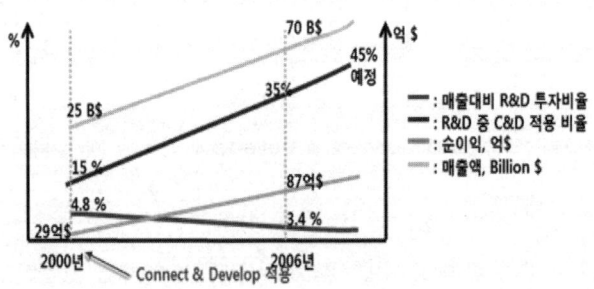

〈그림 5-7〉 P&G의 C&D 전략 도입 효과

2) 이노센티브의 협력적 창조경험 사례

소셜 컴퓨팅 기반의 고객 참여의 사례 중 하나인 이노센티브(InnoCentive)는 2001년 얼피어스 빙엄(Alpheus Bingham)에 의해 다국적 제약회사인 일라이 릴리(Eli Lilly)의 벤처로 출발하였다. 이노센티브(InnoCentive)는 이노베이션(Innovation)과 인센티브(Incentive)를 결합시킨 합성어로 그들의 비즈니스 모델을 단적으로 표현하여 "혁신을 통한 수익의 분배"라는 의미를 담고 있다. 이노센티브는 기업 및 단체의 연구와 해결과제를 대신하여 수행하는 목적으로 개설되었다. IT전략, 기초과학, 제약, 생명과학, 식품, 디자인, 나노테크 등 다양한 연구영역을 포괄하는 분야에서, 웹 2.0 플랫폼을 이용한 개방형 플랫폼을 통한 문제 해결을 원하는 사람과 문제를 해결하는 사람을 클라우드 소싱의 형태로 연결하는 비즈니스 모델을 구현하고 있다.

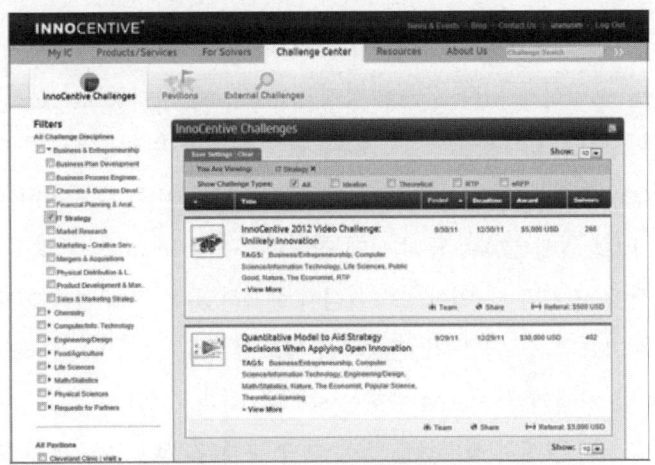

〈그림 5-8〉 InnoCentive에 등록된 과제

문제의 해결을 원하는 사람들(Seeker: 문제/과제의 제공자)과 해당 문제를 풀어주는 멤버들(Solver: 솔루션 제공자)을 연결하는 비즈니스 모델로, 그들의 연결수수료와 솔버들이 문제를 해결하고 적정한 비용을 받을 수 있도록 하는 컨설팅 서비스를 웹 플랫폼을 기반으로 하는 네트워크를 활용하여 클라우드 소싱을 전문적 영역으로 확장한 사례이다(Lakhani, 2008). InnoCentive 사이트는 〈그림 5-8〉과 같이 등록된 과제를 관련 문제 내용과 해결 시 인센티브를 게시하며 확인 당시 문제를 확인한 솔버의 명수와 게시 날짜를 표시한다. 등록된 솔버들은 자신의 전문 분야에 해당하는 문제를 검색할 수 있고 문제 해결을 위한 가상공간 모임이나 InnoCentive가 제공하는 사례 등을 확인할 수 있다.

InnoCentive의 구체적인 운영 과정은 다음과 같다(InnoCentive.com, 2011). 첫째, 기술을 찾는 회사가 자사가 해결하지 못한 R&D 관련 문제를 InnoCentive에 업로드 한다. 둘째, 등록된 전 세계 200여 개국 25만 명 이상의 과학자 및 연구자들이 문제를 확인한다. 셋째, 문제에 대한 해답을 가지고 있는 과학자/연구자/특허보유자가 솔루션을 제출한다. 마지막으로 질문자는 제출된 전문가의 답을 평가하고 검증한 후 게시되었던 인센티브를 제공하게 된다. 최종과정에서 InnoCentive는 성사된 문제의 인센티브에 대한 일정비율의 수수료와 협상에 대한 비용을 수수한다.

InnoCentive의 규모는 2001년 16개국 82명의 솔버들로 시작하였으며 2012년 10월 현재 클라우드 소싱에 참여하는 InnoCentive의 등록된 솔버는 200개국 약 27만 명 이상으로 급격히 증가하였다. 그에 따라 현재까지 45만 개 이상의 프로젝트가 진행되어 왔으며 평균 채택비율은 57%이며 지난 10년 이내에 꾸준히 상승하는 수익을 올리고 있다(Hossain, 2012).

InnoCentive 사례의 흥미로운 점은 해당 문제와 관련 없는 전공 분야의 소비자들에 의해 문제가 해결되는 경우가 많다는 것이다. 제시된 문제에 대한 전공 분야와 답변자의 전공 분야와 다를수록 문제 해결 가능성이 더 높아진다는 것은 외부 소비자로서의 전문가 활용이 제조 기업 내부 전문가들 보다 유용하다. 따라서 지속적으로 혁신을 추구하는 기업은 내부 자원을 활성화하기 위해 외부의 다양한 자원을 활용 가능하도록 인프라와 전략 수행을 위한 구체적이며 현실적인 마케팅 프레임워크를 구축해야 한다.

3) 웹 클라우드 플랫폼을 이용한 Quirky

기존 제품 이해관계자들에 기반한 내부적 자원 활용 및 관리에서 소셜 서비스 기반의 플랫폼은 다양한 사회적 상호작용을 직접적으로 활용할 수 있는 지원이 가능함에 따라 협력적 창조를 실현하는 것이 가능하다. 웹 인프라 및 제품 개발 특성을 적용한 사례로서 Quirky의 사례를 통하여 사회적 자본을 활용한 협력적 제품 창조 실현을 제공함으로서 기업의 이점과 응용방식을 구분하고 소셜 서비스 기반의 고객 참여 마케팅의 응용을 위해 고려할 사항들에 대하여 확인할 필요가 있다.

2009년 벤 카우프만(Ben Kaufman)에 의해 제공된 Quirky는 클라우드 소싱을 이용한 제품의 개발과 판매에 집중하는 사회적 제품 개발 개념을 바탕으로 비즈니스 모델을 구현하였다. Quirky는 다양한 아이디어 제품을 소셜 컴퓨팅 인프라를 이용하여 기능성과 디자인을 개선하고 마케팅으로 활용하여 제품을 판매한다. Quirky 이전, 가상 공동체가 협업을 통하여 의사 결정을 내릴 수 있게 해주는 웹 기반 플랫폼인 Kluster는 iPod용 액세서리 아이디어를 제품화하면서 얻은 노하우와 Kluster 플랫폼을 기반으로 2005년 모피(mophie)로 사업을 확장하였다. 이후 모피 제품을 설계 및 판매하면서 2007년까지 모피는 전 세계 28개국에 제품을 판매하였다.

2008년 2월 Kluster 플랫폼의 출범과 함께 다양한 전문가들로 구성된 참가자들은 72시간 내에 완전한 신제품을 개발하기 위하여 클러스터의 온라인 가상 공동체와 협력하는 프로젝트를 진행하기도 하였다. 모피는 Kluster 플랫폼을 통하여 웹상의 가상 공동체가 제품 설계 후 세계 각국에 생산 및 판매하였다. 클러스터 참가자들은 제품 개발, 마케팅, 광고, 이벤트 기획, 가상 그룹과 모피 실무자들과의 의견 수렴을 통해 의사 결정 과정을 향상시킬 수 있는 다양한 프로젝트에 참여하였다. 자신의 경험과 흥미를 기반으로 가상 공동체 구성원들은 제품개발에 영향력을 미치고 제품화에 기여할 수 있었다. 각각의 구성원 참여도, 과거 성공실적, 프로젝트의 위험 정도를 토대로 구성원의 가중치를 계산하여 의사 결정을 내리도록 하였다. 모피는 〈그림 5-9〉와 같이 웹을 통하여 구성된 가상 공동체가 제품 개발, 마케팅, 광고 등 모피의 실무자들과 직접적인 커뮤니케이션을 통하여 의사 결정에 영향을 주었다.

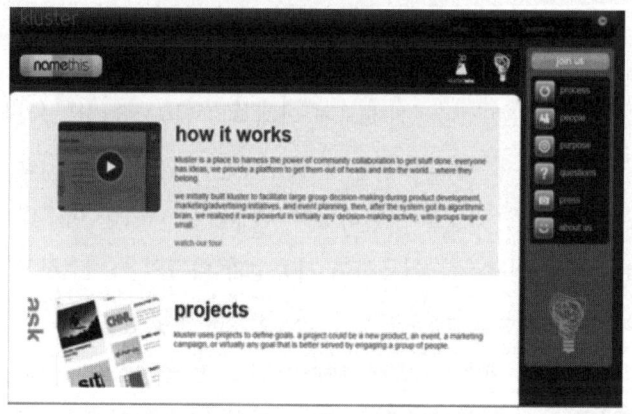

〈그림 5-9〉 Kluster의 프로젝트 설명

Kluster 프로젝트 아키텍처는 가상 공동체 구성원들에게 매우 유연한 플랫폼을 제공하는 과정에서 중요한 4가지 공유 방식은 다음과 같다. 첫 번째는 단계(phases)이다. 단계는 프로젝트를 관리가 용이한 소규모의 실행 가능 작업 단위로 분해함을 의미한다. 단계는 가상 공동체 이용자들이 일반 사용자에게 공개(전 세계의 사용자들이 의사 결정에 영향력을 행사하도록 허용) 또는 비공개(일부 선정 그룹만의 참여 허용)를 정의할 수 있도록 한다. 두 번째, 스파크(sparks)는 각 단계에 제안된 아이디어 또는 솔루션이다. 스파크는 텍스트, 사진, 그래픽, 오디오/비디오, CAD, 애니메이션 등 다양한 형태를 띠고 있다. 이용자들은 자신에게 가장 편안한 방식으로 제품개발에 대한 의견을 개진할 수 있다. 세 번째로, 앰프(amps)는 가상 공동체 참가자들이 스파크를 개선할 수 있는 추가 아이디어를 제안하게 하여 협업 환경을 제공한다. 네 번째, 와트(watts)는 가상 공동체 구성원들 본인이 지지하고자 하는 스파크에 클러스터의 내부 화폐인 와트를 투자함으로써 지지를 표시한다. 구성원들은 건전한 판단, 긍정적인 참여를 통해 와트를 벌고 증식시킬 수 있다. 와트는 다수 이용자들의 참여를 촉진하며 목표 달성에 주력하도록 장려함으로써 공동체를 생산적으로 만들기 위한 목적으로 활용된다. 보상금과 같은 '와트'가 걸린 단계에 투자한 참가자들은 자신의 와트를 현금으로 바꿀 수 있는 기회가 주어진다.

Kluster는 습득한 경험과 아이디어, 웹 플랫폼 기반 제품 개발 과정에 대한 정보 교류, 협력적 소셜 컴퓨팅 기술을 통하여 제품의 개발 기간과 노력, 혁신성에 대한 긍정적인 역할을 이용함으로서, 사회적 제품 개발 사이트인 Quirky를 통하여 클라우드 소싱의 영향력과 동력을 활용하는 개방형 혁신 전략을 실현하고자 했다. Quirky는 소셜 네트워크를 통하여 클라우드 소싱 환경을 응용한 제품 개발 플랫폼 구축 및 활용 연구와 사업을 수행하고 사회적 제품 개발 기반의 마케팅 비즈니스 모델로 구현하였다.

Quirky를 활용한 실제 제품 개발 및 판매 사례로서 〈그림 5-10〉과 같이 사이트를 통해서 제품의 가장 큰 특징을 표현하고 기능적 측면과 제품의 혁신적 측면을 강조하고 있다. 특히, 피봇 파워(Pivot Power)는 한 달여 기간을 통해 개발되었으며 약 1년 반 동안 판매되어 개발자에게 12만8천 달러의 수익을 제공하였다. 컨버즈(Converge) 사례 역시 한 달여 기간의 개발을 거쳐 약 7개월 동안의 판매를 진행하였고, 제품 개발자에게 약 3천 달러의 수익을 제공하고 있다. Quirky의 수익 사례는 사회적 제품 개발 플랫폼의 가치가 어떻게 구현되는지에 대한 좋은 근거를 제시하고 있다.

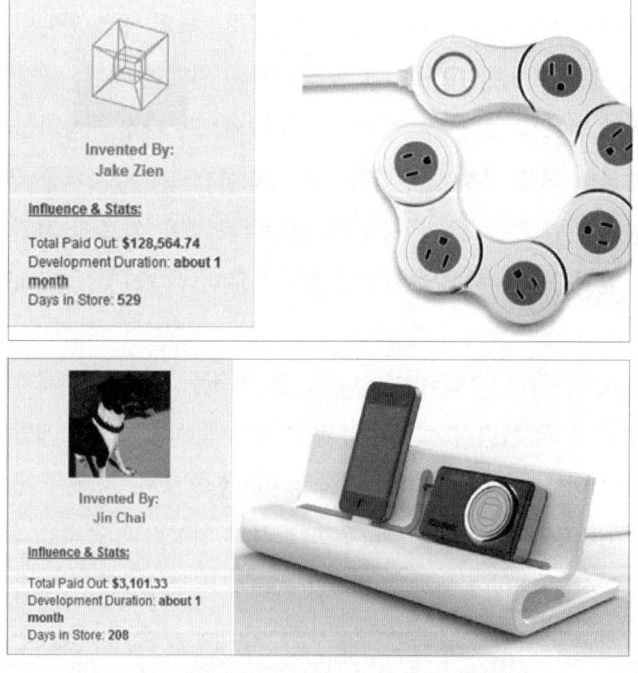

〈그림 5-10〉 Quirky의 판매 제품 사례:
Pivot Power & Converge

Quirky가 다른 제품판매 사이트와 차별되는 점은 해당 제품을 출시하기 위한 아이디어 제공자 및 개발한 사람을 확인하고 해당 제품의 현 판매 금액과 개발기간, 판매 기간을 같이 확인할 수 있게 한다는 점이다. 제품에 관련된 정보를 기반으로 제품 개발 기여자는 일정부분의 제품 판매 수익을 공유한다. 피봇 파워 및 컨버즈 제품들은 Quirky에 개인 아이디어를 등록하고 실제 제품으로 개발하여 판매까지 연결되는 개별 제품별 클라우드 소싱 사례로 볼 수 있다, 제품 개발자는 Quirky의 웹 기반 제품 등록 인프라를 통하여 제품 아이디어를 이용한 개발과 투명한 방식의 수익 공유를 실현했다.

Quirky는 〈그림 5-11〉과 같이 기업 사이트에서 사회적 제품 개발 비즈니스 모델을 전체적으로 확인할 수 있도록 제품 개발 참여자의 수익 창출 및 제품개발 프로세스를 수립하였다.

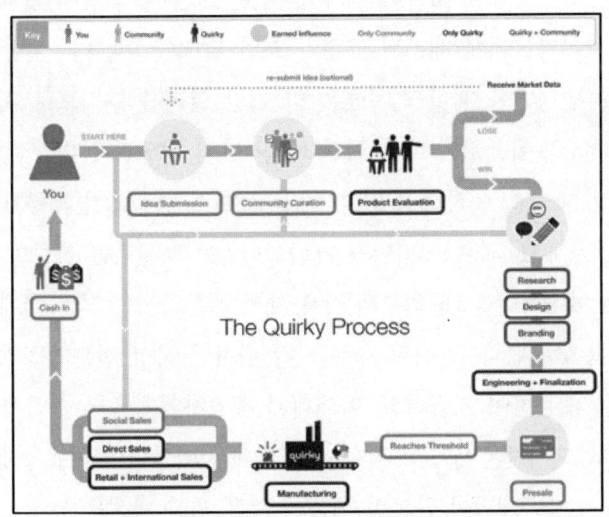

〈그림 5-11〉 Quirky의 사회적 제품 개발 모형

Quirky가 활용하는 사회적 제품 개발 비즈니스 모델은 다음과 같은 과정으로 진행된다. 첫째, 소비자 또는 아이디어 제공자는 제품 아이디어나 개선 사항을 사이트에 접수한다. 둘째, 제출된 아이디어는 클라우드

소싱과 검증을 같이 제공하는 접근 가능 전문 집단(직원이 아닌)에 의해 1차 검증을 실시한다. 세 번째 단계에서 아이디어 정제 및 제품화 가능성 판단 시점부터, Quirky 전문가로부터 제품화에 대한 평가를 진행하고 추가 아이디어를 보강하는 작업을 진행한다. 네 번째, 제품화 결정 이후 개발제품과 관련된 시장조사, 디자인, 브랜딩을 진행하고 추가 엔지니어링 작업과 제품 개선 작업을 진행한다. 다섯째 단계로 시장에 신제품을 출시한 후, 소비자 반응에 따라 제품 양산 진행 이후 얻게 된 수익은 쇼핑사이트를 통한 직접적 판매나 소셜 네트워크 서비스를 통한 마케팅을 통하여 일정 비율로 아이디어 제공자에게 공유된다.

이 과정을 거쳐 개발된 제품은 지속적인 개선작업을 통하여 성능을 향상시킨다. 1개 가격이 30달러인 피봇파워는 24만 개가 판매됐는데 이 과정에서 참여자들에게 배분된 액수가 28만 달러에 이른다. 절반 정도의 기여도를 인정받은 제이크 지엔은 약 14만 달러를 수익으로 획득했다. 올해 Quirky의 목표수이 배분 액은 100만 달러 정도로서 대략적으로 300만 달러의 매출을 예상하고 있다. 제품 아이디어의 초기 제공자는 등록비(2012년 현재 $10)와 아이디어를 제출한다. 이후 결과를 통보받게 되고, Quirky는 아이디어를 내·외부의 각종 개인 전문가 또는 회사에게 제작할 수 있도록 요청한다. 판매된 제품은 각 디자인 담당 전문가들에게 수익의 30%를 배분하여 지급하고, 아이디어 제공자에게 30% 수익을 지급한다. Quirky 게시판은 매주 2500개 이상의 제품 아이디어들이 올라오고 있다. 따라서 제품개발이 완료된 제품은 주문 생산 방식을 통해 불필요한 비용을 줄이고 중국 공장을 활용하여 원가를 절감할 수 있다.

앞에서 살펴본 바와 같이 Quirky는 〈표 5-1〉과 같이 현재 제품 개발에 대한 아이디어 제공자의 수익에 초점을 맞춘 비즈니스 모델을 지향하고 있다. 그러나 지속적인 성장을 도모하는 제조 기업에서는 R&D 부문의 내부 역량을 연계하는 인프라 요소로서 사회적 제품 개발 비즈니스 모델을 참고하고 흡수할 필요가 있다. 제조 기업의 협력적 창조경험을 실현하고 기업 외부 자원 요소인 클라우드 소싱의 긍정적 작용을 위하여 Quirky의 비즈니스 모델과 수익 구조는 혁신 추구 제조 기업에서 반드시 고려 및 반영해야 하는 중요한 사례로 고려할 필요가 있다.

〈표 5-1〉 소셜 PLM 활동에 의한 기업들의 특성 및 이점

사례기업	구분	특성
Quirky	이해관계자 관여 구조	사회적 제품 개발 신제품 설계 및 구매 상호 제품 평가 후 개발된 제품으로 수익 창출을 위해 참여함
	사회적 자본과 투자에 의한 수익구조	신제품 개발에 대한 저비용과 짧은 시간 포커스 집단 공유 초기 등록비용
	핵심 성공 지표	시장조사 비용 감소 제품설계 비용 감소 거래성 향상 시장에 대한 적시성 향상 신규 고객 보유 비용 신제품 수익

Quirky 사례와 같이 기업의 제품 생산에 대한 정보 공유와 내·외부 이해관계자들의 참여 플랫폼을 활용하는 것은 소셜 컴퓨팅 기반의 클라우드 소싱의 응용점이 될 수 있다. 효과적인 고객 참여 개발을 위한 소셜 마케팅의 성과 도출을 위해서 기업은 협력적 창조경험을 실행하는 것이 필수적이다. 특히 전통적으로 기업 내부에서 관리되어 온 제품 관련 연구개발부문을 기업 외부관계자와 공유함으로써 기업의 제품개발 및 마케팅 혁신관리는 맞춤형 클라우드 소싱을 고려하는 것이 필요하다.

따라서 소셜 컴퓨팅 기술과 인프라를 활용함으로써 기업 내부의 R&D 역량을 이용하여 외부소비자들의 참여 마케팅 전략을 구축할 수 있다.

협력적 창조경험을 수행하기 위해 기업이 요구하는 형태의 맞춤형 클라우드 소싱을 수립하기 위하여 기업은 제품개발에 대한 내부적 개선 방안을 수립하는 것에 더하여, 외부 소비자들이 적시에 적절한 해결방안 구축에 참여할 수 있는 맞춤형 과정과 인프라 구축을 응용하여 기업만의 맞춤화된 클라우드 소싱을 수행해야 할 것이다. 또한 소셜 PLM 등을 통하여 내부의 프로세스뿐만 아닌 외부 소비자들의 소통을 통한 제품 관리에 따라 소셜 서비스를 통한 소비자와 기업의 연결에 중점을 두어야 한다. 특히 웹 환경의 이점인 네트워크의 광범위함과 사회적 자본의 유용한 활용을 통하여 기업 마케팅 전력과 생산성 향상을 동시에 활용하기 위한 관련 필수 경쟁우위 요소를 개발하는 것은 사회적 공유를 통한 소비자-기업 연결가치의 실현에 매우 중요하다.

참고문헌

김관용 (2014). 올해 집단지성 활용 소셜비즈니스 '주목'. 〈아이뉴스 24〉.
Hossain, M. (2012). Performance and potential of open innovation intermediaries. Procedia-Social and Behavioral Sciences, 58, 754-764.
InnoCentive Challenge Center (2011). URL: https://www.innocentive.com/ar/challenge/browse
Lakhani, K. R. (2008). InnoCentive. com (A)(Harvard Business School Case No. 608-170). Cambridge, MA: Harvard Business School.

6장 소셜 미디어를 통한 기업의 비영리 활동

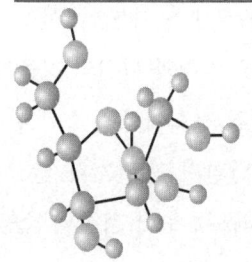

정승화, 표나성, 이승용

1. 서론

기업은 다양한 사회적 변화에 적절히 대응하며 생존해왔다. 최근 기업들이 주목해야 할 두드러진 사회적 변화는 인터넷과 모바일 기기를 통해 대다수 사회 구성원이 연결되는 초연결 사회(Hyper Connected Society)의 도래이다. 초연결 사회란 IT를 바탕으로 사람, 프로세스, 데이터, 사물이 연결되는 지능화된 네트워크 구축을 통해 새로운 가치와 혁신의 창출이 가능해지는 사회(윤미영 & 권정은, 2013)이다. 초연결 사회에서는 소셜 미디어 및 IT기기를 활용하여 사람과 사람, 사람과 단말기, 단말기와 단말기를 긴밀하게 연결하며(Wellman, Haase, Witte, & Hampton, 2001) 기존의 소통 한계를 극복하여 새로운 부의 창출을 가져오기도 한다(Toffler, 2006).

최근 초연결 사회의 커뮤니케이션 방식으로 사물과 사물과의 직접 연결(IoT)이 부각되고 있기는 하지만(윤미영 & 권정은, 2013; 박정은 & 윤미녕, 2014; 표철식, 강호용, 김내수, 방효찬, 2013) 사람과 사람간의 연결, 기업과 소비자의 연결은 주로 매스미디어, 인터넷 홈페이지, 소셜 미디어 등을 통해서 이루어지고 있다. 인터넷이 등장하기 전에 기업들은 매스미디어의 뉴스, 정보, 엔터테인먼트 콘텐츠를 통해 간접적으로 고객과 커뮤니케이션을 해왔었지만(권승경 & 장동련, 2011), 인터넷의 등장 이후에는 홈페이지 등을 통해 다수 대중과(비록 일방향적이지만) 직접적인 커뮤니케이션을 수행해 왔다. 소셜 미디어의 등장은 매스미디어와 홈페이지가 가진 '일방성'을 극복하게 해주었고, 수동적이던 다수 대중들은 소셜 미디어를 통해 적극적으로 의사표현을 할 수 있게 되었다. 기업들은 상호작용 같은 소셜 미디어의 특성을 마케팅 등에 적극적으로 활용하여 경우 기업들은 경영성과에 긍정적인 효과를 얻을 수 있게 되었다(김인기 & 전인오, 2015).

최근 기업 활동의 양상은 영리 활동만이 아니라 사회공헌 활동과 같은 비영리활동으로도 확산되고 있다. 기업들은 기부, 봉사, 환경 보호, 윤리 경영, 사회적 가치의 창출 등 다양한 사회공헌 활동을 수행하고 있고, 기업의 사회적 책임(Corporate Social Responsibility, CSR) 활동은 공유 가치 창출(Creating Shared Value, CSV)로까지 확대되고 있다(Porter & Kramer, 2011). 매스 미디어 광고나 홈페이지 운영에 비해 상대적으로 거의 비용이 들어가지 않는 소셜 미디어는 제품의 홍보 등에 아주 유리한 기회를 제공하게 될 것이다. 그러면 기업들은 실제로 소셜 미디어를 적극적을 활용할 것인가? 아니면 기업들이 소셜 미디어의 속성을 제대로 파악하지 못하거나 효과를 신뢰하지 못해서 적극적으로 활용하지 않을 것인가? 기업의 영리와 비영리 활동에서 소셜 미디어 활용은 어떤 차이점을 보여줄 것인가?

이에 대한 대답은 기업들의 소셜 미디어 활용 현황을 분석해야만 얻을 수 있을 것이다.

2. 기업의 소셜 미디어 활용 전략

1) 기업 커뮤니케이션 채널의 변화

과거 기업들의 대중매체를 통한 소비자 커뮤니케이션 방법은 일방향적(Unidirectional)이었다. 소비자들에게 알리고 싶은 내용이 있으면 TV, 신문, 라디오, 잡지와 같은 대중 매체에 광고나 기사 등을 실으면 문제 없이 전달되었다(성민정 & 조정식, 2009). 하지만, 소셜 미디어를 비롯한 다양한 커뮤니케이션 수단의 등장으로 대중매체의 영향력이 감소하자, 기업은 새로운 소비자 커뮤니케이션 방안을 고민하게 되었다(Mueller-Heumann, 1992; Duncan & Everett, 1993; Kitchen & Schultz, 1999). 2014년 University of Southern

California에서 실시한 미국소재 글로벌기업, 정부, 비영리기관 최고 커뮤니케이션 책임자 347명을 대상으로 한 커뮤니케이션 전략 중요도 조사(〈표 6-1〉, 8차 조사)에서도 이러한 고민이 잘 드러나고 있다.

〈표 6-1〉 글로벌기업들의 주요 커뮤니케이션 환경 조사 결과(USC, 2014)

중요도 순서	커뮤니케이션 채널 및 콘텐츠	점수(7점척도)
1	소셜 미디어용 콘텐츠 생산	5.16
2	트위터	5.11
3	온라인 비디오 제작	5.01
4	페이스북	4.77
5	신문	4.75
6	2개 이상의 소셜 미디어 또는 미디어 플랫폼에 캠페인 전개	4.72
7	잡지	4.70
8	온라인 비디오 공유	4.65
9	유튜브	4.64
10	검색엔진 최적화	4.58
11	링크드인	4.36
12	외부 관계자와 파트너쉽을 통한 콘텐츠 생산	4.27
13	온라인 편집 웹사이트 운영	4.09
14	모바일 기기에 적합한 멀티미디어 콘텐츠 생산	3.72
15	TV	3.31
16	라디오	2.81
17	구글플러스	2.68
18	팟캐스트(혹은 온라인 오디오)	2.62
19	인스타그램	2.37
20	크라우드 소싱	2.19
21	위키	2.02
22	핀터레스트	2.01
23	바인	1.87
24	기타 매체	1.64

〈표 6-2〉를 보면 소셜 미디어인 트위터, 페이스북의 전략적 중요성이 전통적인 매체인 신문, 잡지, TV, 라디오보다 더 높게 평가되고 있으며, 유튜브, 링크드인 등도 전략적으로 비교적 높은 점수를 받고 있다. 위 표에서 기업들은 소비자 등에게 전달할 커뮤니케이션 콘텐츠를 생산할 때, 소셜 미디어를 많이 고려하는 것을 알 수 있다.

2) 다양한 소셜 미디어 플랫폼

소셜 미디어는 웹2.0의 철학과 기술을 토대로 사용자가 생산한 콘텐츠를 공유하는 인터넷 기반의 어플리케이션이다(Kaplan & Haenlein, 2010). 또한, 소셜 미디어는 블로그나 네트워킹 사이트, 위키, 팟캐스팅과 비디오 캐스팅, 가상 세계, 소셜 북마킹 등 온라인상에서 커뮤니케이션과 참여, 축적을 가능하게 하는 온라인 도구와 프로그램으로도 정의된다(Newson, Houghton & Patten, 2009). 소셜 미디어는 웹2.0을 토대로 참여, 공개, 대화, 커뮤니티, 연결을 주된 특징으로 하는 미디어로 정의하기도 한다(곽현, 박선주, 정승화, 정예림, 2015).

초기에는 소셜 미디어가 컴퓨터를 통한 주변 지인들과의 친목 도모를 위해 주로 활용 되었지만, 스마트폰의 급격한 확산 등에 따라 연결 대상이 폭발적으로 늘어나서, 전 세계의 소셜 미디어 사용자와 연결이 가능한 시대가 되었다. 그러자 기업들도 소셜 미디어를 단순한 정보 전달의 수단이 아니라 쌍방향적인 커뮤니케이션 도구로 인식하게 되었으며, 생산적인 활용을 통해 이익의 창출을 도모하고 있다(Piskorski, 2011).

얼핏 비슷해 보이는 소셜 미디어 플랫폼은 다양한 면모를 띠는데, 기존 친구들과 관계를 강화(Friend)하는 전략과 새로운 친구를 만나는(Meet) 전략을 기준으로 〈표 6-2〉와 같이 구분할 수도 있다.

〈표 6-2〉 소셜 미디어의 전략적 다양성(Piskorski, 2014)

전략 구분		기존 친구와 관계 강화 전략(Friend)	
	세부목표/대상	다수의 기존 친구	소수의 기존 친구
새로운 친구 확보 전략 (Meet)	제한된 소통	Facebook	Mixi
	소수 새 고객과 개인적 소통	Linkedin	eHarmony
	많은 새 고객과 개인적 소통	Friendster	Okcupid
	많은 새 고객과 공개적 소통	Myspace	Tweeter

피스코르스키(Piskorski, 2014)의 분석에 따르면 Facebook은 다수의 기존 친구들과 주로 소통하며 새로운 친구들과는 제한된 소통을 하는 소셜 미디어 플랫폼이다. Tweeter는 이와 상반되게, 기존 친구들보다는 새로운 친구들과 더 많이 소통하는 것을 주 목적으로 활용된다. 말레이시아의 소셜 게임 사이트 friendster은 기존 친구의 친구와 많이 소통하는 것은 물론 새로운 친구들도 많이 만나는 것이 목적이며, 일본판 트위터라고 할 수 있는 Mixi는 소수의 기존 친구들과 연결을 목적으로 활용되며, 미국의 온라인 결혼 중개회사 소셜 미디어인 eHarmony는 소수의 기존 친구들이나 소수의 새 고객과 소통하는 소셜 미디어 플랫폼이다. 이렇게 소셜 미디어를 활용하는 소비자들의 목적이 다양하기 때문에 기업들도 다양한 형태의 소셜 미디어 플랫폼을 소비자 커뮤니케이션 수단으로 채택하고 있다.

3) 디지털 전략, 소셜 전략, 가치공유 전략

소셜 미디어의 활용의 전략적 방안은 디지털 전략, 소셜 전략, 가치공유 전략으로 구분할 수 있다. 디지털 전략은 일방향적이지만 정보를 고객에게 널리 알려 인지도 등을 높여서 기업의 경쟁 우위를 증가시키려는 전략이고, 소셜 전략은 소비자들 간의 연결을 지원하여 그들 간의 관계 형성 과정에서 브랜드 이미지 향상 등을 통해 기업의 경쟁 우위를 도모하는 전략이다(Piskorski & Johnson, 2012). 최근 기업이 사회적 문제에 관심을 가지면서, 사회 공헌 활동도 소셜 미디어 활용도 눈에 띄게 늘어나고 있다. 가치공유 전략은 기업이 소셜 미디어의 상호작용과 같은 특성을 활용하여 공유 가치 창출을 도모하는 전략을 의미한다.

〈표 6-3〉 디지털 전략과 소셜 전략의 비교(Piskorski & Johnson, 2012)

디지털 전략	소셜 전략
정보를 고객에게 일방향적으로 널리 알려서 기업의 경쟁 우위(인지도 등)를 증가시킴	사람들 간의 연결과 관계향상을 도와서 기업의 경쟁 우위(이미지 등)를 증가시킴

기업들은 그 동안 명분 마케팅, 기업의 사회적 책임 활동 등을 통해 사회성 실현을 꾸준히 추구해 왔지만, 이해관계자의 압력으로 공유가치창출(Creating Shared Value, CSV)을 위한 활동도 추구하지 않을 수 없게 되었다. 사회적 책임활동이 기업의 비용으로 받아들여지는 상황에서 공유가치 창출활동도 비용 증가의 개념으로 인식될 가능성(양희석, 2014)이 있지만, 많은 기업들이 자발적으로 사회적 문제해결과 공유 가치 창출에 노력하고 있다.

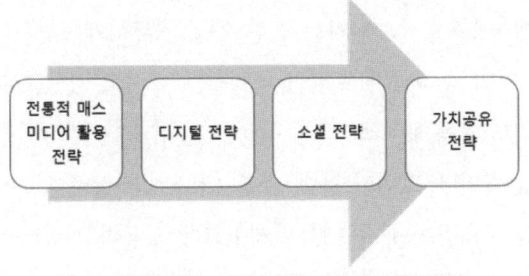

〈그림 6-1〉 기업 커뮤니케이션의 진화

기업의 커뮤니케이션의 수단으로써 소셜 미디어의 사용이 증가하면서 기업의 커뮤니케이션 방법은 〈그림 6-1〉과 같이 전통적 매스미디어 활용 전략에서 디지털 전략, 소셜 전략, 더 나아가 가치 공유 전략으로 진화하고 있다.

3. 주요 기업의 소셜 미디어 활용 현황

국내외 주요 기업들은 오랫동안 대중매체와 홈페이지, 소셜 미디어를 통해 영리적 목적의 커뮤니케이션을 해왔다. 비교적 덜 알려진 분야인 기업의 비영리 활동(사회 공헌 활동)을 중심으로 소셜 미디어 활용에 대해서도 알아보도록 하자.

1) 국내외 주요 기업의 홈페이지 활용 현황

2010년 전경련의 사회공헌백서에 따르면 국내 주요 기업의 사회 공헌 활동 커뮤니케이션은 81%가 웹사이트를 통해 하고 있었고, 마이크로 사이트는 48%, 소셜 미디어는 24%, 블로그는 15% 활용하고 있었다. 국내 기업의 경우, 100대 기업의 55%가 페이스북을 활용하고 있었는데, 이 중 23개(51%)가 페이스북을 통해 사회 공헌 활동 커뮤니케이션을 하고 있었다. 국내 100대 기업 중 50%가 트위터 계정을 보유하고 있었는데, 이 중 31개(68%)가 트위터를 통해 사회 공헌 활동 커뮤니케이션을 하고 있다(이지연, 2011). 페이스북이나 트위터 등에 소셜 미디어 계정이 있는 기업의 절반 정도가 이를 사회공헌 활동 커뮤니케이션에 활용하고 있어서 국내 100대 기업의 비영리 활동에서 소셜 미디어의 활용은 1/4정도 되는 셈이다.

웹사이트를 이용한 기업의 사회 공헌 활동 커뮤니케이션은 홍보의 연장이거나 사회공헌 프로그램을 더 자세하게 알리는 등의 일방적인 정보 전달 방식(즉, 디지털 전략)을 취하고 있다. 트위터, 페이스북, 블로그와 같은 소셜 미디어는 정보의 신속한 확산과 쌍방향 소통 가능성으로 기업들의 대중과의 커뮤니케이션에 변화를 초래하고 있는데, 사회공헌 활동 커뮤니케이션 전략에도 주요 고려 대상이 되고 있다(이영한, 서연경, 남호영, 황고은, 성민정, 2012).

기업들은 공식 웹사이트를 통해 자사의 사회적 책임 활동에 대한 정보를 제공하고 있으며, 세계적인 사회공헌활동 가이드라인 운영 기관인 Global Reporting Initiatives(GRI)에 지속가능경영 보고서를 제출하는 기업도 늘어나고 있다. GRI는 1997년에 미국에서 설립되어 2002년에 네덜란드 암스테르담으로 옮긴 세계적인 비영리 기관으로 경제적, 환경적, 사회적 지속성을 강조하는 광범위한 지속성 리포트를 제공하며, 기업들에게 이 프레임워크에 맞춘 지속경영가능 보고서를 제출하도록 하고 있다.

소셜 미디어를 통한 기업의 사회적 책임 활동은 특정 기업이 속한 환경 및 이해관계자가 다르기 때문에 산업별로 구분하여 살펴볼 필요가 있다. 산업별, 기업별로 초점을 맞추는 분야마다 차이가 있겠지만, 사회 공헌 활동은 환경, 사람, 지역 사회를 한 공통점을 보이고 있다. 산업별 매출 상위 기업들의 사회공헌 활동 현황에 대해 살펴 보면, 대부분 사회적 책임에 대한 내용을 웹사이트를 통해 제공하고 있으며, 많은 기업들이 지속가능경영 보고서 또는 사회적 책임 보고서 등을 정기적으로 출간하고 있다. 〈표 6-4〉는 산업별 매출 상위 기업의 웹사이트를 통하여 제공하고 있는 사회 공헌 활동 현황이다.

〈표 6-4〉 주요 기업의 사회공헌 활동 관련 현황(기준: 2015.12)

산업 구분	기업명	기업 홈페이지 내 사회공헌 활동 메뉴 존재	사회적 책임 관련 리포트 출간	사회공헌 활동 전용 웹사이트
자동차 산업	폭스바겐	O	O	-
	토요타	O	O	-
	GM	O	O	-
	르노	O	O	-
	현대차	O	O	O
스포츠 용품 및 의류 산업	나이키	O	O	-
	아디다스	O	O	-
	VF Corporation (노스페이스 등)	O	O	O
	푸마	O	O	-
	뉴발란스	O	O	-
패스트푸드 프랜차이즈 산업	맥도날드	O	O	-
	스타벅스	O	O	-
	서브웨이	O	-	-
	KFC	O	-	-
	버거킹	O	-	-
정보통신(ICT) 산업	삼성	O	O	-
	애플	O	-	-

〈표 6-4〉에서 보이듯이 조사대상 대부분의 기업들이 자사의 홈페이지를 통해서 기업의 사회적 책임과 관련된 콘텐츠를 제공하고 있었지만, 사회적 책임 관련 리포트의 출간에서 보듯 산업별로 차이를 보였다. 자동차 산업과 스포츠 용품 및 의류 산업의 기업들은 정기적으로 사회적 책임 관련 보고서를 100% 출간하고 있었지만, 패스트푸드 프랜차이즈 산업은 40%, 정보 통신 산업은 50%만이 관련 보고서를 출간하고 있었다.

2) 국내외 주요 기업의 소셜 미디어 활용 분석

국내외 주요기업들은 여러 채널의 소셜 미디어를 운영하고 있었다. 대부분의 기업이 페이스북 팬페이지를 가지고 있으며, 트위터, 유튜브, 구글플러스, 인스타그램 등 소셜 미디어에 계정을 보유하고 있었다.

〈표 6-5〉 산업별 주요 기업의 소셜 미디어 계정 현황(기준: 2015.12)

산업구분	기업명	페이스북	트위터	유튜브	Google+	인스타그램
자동차산업	폭스바겐	O	-	-	-	-
	토요타	O	-	O	O	-
	GM	O	O	O	O	-
	르노	O	O	-	-	O
	현대차	O	O	O	O	O
스포츠 용품 및 의류 산업	나이키	O	O	O	-	O
	아디다스	O	O	-	-	-
	VF Corporation (노스페이스 등)	O	O	-	-	O
	푸마	O	O	O	-	O
	뉴발란스	O	O	O	-	-
패스트푸드 프랜차이즈 산업	맥도날드	O	O	O	-	O
	스타벅스	O	O	-	O	-
	서브웨이	O	O	-	-	-
	KFC	O	O	O	-	O
	버거킹	O	O	-	-	O
정보통신 (ICT) 산업	삼성	O	O	-	-	-
	애플	-	-	-	-	-

〈표 6-5〉는 2015년 12월 기준으로 각 기업의 홈페이지에서 소개하고 있는 공식 소셜 미디어 계정 현황이다. 대상 기업들 중 소셜 미디어 계정을 보유하고 있는 기업은 62.4%로 나타났다. 세부적으로 살펴보면 17개의 기업 중 페이스북 계정을 가지고 있는 기업은 14개(83.4%), 트위터 계정은

13개(76.5%), 유튜브 계정은 9개(52.9%), 구글플러스 계정은 4개(23.5%), 인스타그램 계정은 11개(64.7%)였다.

애플을 제외한 모든 대상 기업들이 공식 페이스북 계정을 운영하고 있어서, 기업의 사회공헌 활동을 위한 소셜 미디어 활용은 페이스북을 중심으로 분석해보았다. 페이스북 공식 페이지(팬페이지, Fan Page)는 기업명 옆에 파란색 체크 표시(Verified Page)가 되어 있다.

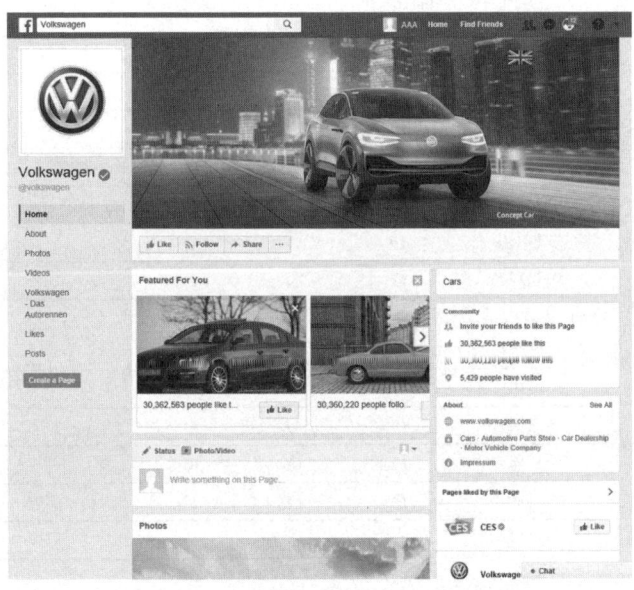

〈그림 6-2〉 폭스바겐의 페이스북 공식 팬페이지

(1) 소셜 미디어 분석 매트릭스

국내외 주요 기업들이 사회공헌 활동에 소셜 미디어를 얼마나 활용하는지를 확인하기 위해 3개 산업군에서 5개의 대표적 기업을 뽑아 페이스북 팬페이지 게시물을 분석하였다. 분석은 게시물의 내용과 소통 방법으로 나누었다. 게시물의 내용은 상품이나 기업 노출(Exposure), 사회공헌 활동 관련 내용(CSR), 그 외 일반정보로 나누었고, 소통 방법은 말하기(Talking)와 듣기(Listening)의 일방향(Unidirectional way) 소통과, 댓글 등을 통한 양방향(Bidirectional way) 소통, 상호작용(Interacting)으로 구분하였다. 이 분석 기준을 통해 폭스바겐의 페이스북 팬페이지를 분석한 결과는 〈표 6-6〉과 같다.

〈표 6-6〉 소셜미디어 분석 매트릭스(폭스바겐의 페이스북 팬페이지, 2015.12.01~12.31)

내용 소통방법	기업이나 제품 노출	사회공헌활동 관련	그 외 일반정보
말하기(단방향)	3	0	3
듣기(단방향)	1	0	3
상호작용(쌍방향)	0	0	0

한 달 동안 폭스바겐의 페이스북 팬페이지에 실린 게시물 10개 중에서 기업이나 제품노출은 4개(40%), 일반 정보는 6개(60%)였고 사회 공헌 활동과 관련된 게시물은 없었다. 소통방식은 단방향 소통이 100%(10개)를 차지했다.

〈표 6-6〉의 매트릭스를 활용하여 분석할 산업군은 소셜 미디어를 활발히 활용할 것으로 예상되는 자동차산업, 스포츠 의류 산업, 패스트푸드 프랜차이즈 산업으로 선정하였다. 세부 기업은 산업별 대표 기업을 선정하였다. 자동차 산업은 2014년 판매량 순서(Autoview, 2014)를 기준으로 폭스바겐, 토요타, GM, 르노, 현대자동차, 스포츠 의류 산업은 2014년 매출액을 기준(www.statista.com)으로 나이키, 아디다스, VF코퍼레이션(노스페이스 등), 푸마, 뉴발란스, 패스트푸드 프랜차이즈 산업은 2014년 매출액을 기준(QSR report 2014 & www.businessinsider.com)으로 맥도날드, 스타벅스, 서브웨이, KFC, 버거킹을 선정하였다. 이 기업들은 산업 내 매출 상위 기업

들로 각 산업을 대표할 수 있을 것이고 대부분 글로벌 기업으로 페이스북 팬페이지를 활발히 활용할 것으로 예상되어 선정하였다.

(2) 글로벌 기업의 페이스북 팬페이지 현황

분석 대상 기업들의 페이스북 팬페이지에 나타난 팔로워(Like) 수는 다음과 같았다.

〈표 6-7〉 산업별 주요 기업의 페이스북 팬페이지 팔로워 현황(2015.12.31기준)

산업군	매출 상위 5대 기업	Likes(단위: 백만)
자동차 산업	폭스바겐	24.5
	토요타	26.4
	GM	0.67
	르노	0.76
	현대자동차	1.76
스포츠 용품 및 의류산업	나이키	23.5
	아디다스	22.1
	VF Corporation	4.3
	푸마	14.9
	뉴발란스	1.2
패스트푸드 프랜차이즈 산업	맥도날드	61.8
	스타벅스	36.1
	서브웨이	25.8
	KFC	39.8
	버거킹	7.6

15개 대상 기업들은 대부분 백만 명이 넘는 팔로워를 갖고 있었는데 KFC가 3,980만 명으로 가장 많았고, GM이 67만 명으로 가장 작았다. 패스트푸드 프랜차이즈 산업에 속한 5개 기업의 팔로워 수는 평균 3,420만 명이었고, 스포츠 용품 및 의류산업에 속한 기업의 팔로워 수는 1천3백2십만 명이었다. 자동차산업의 5개 기업의 팔로워 수는 평균 7백4십만 명으로 가장 적었다.

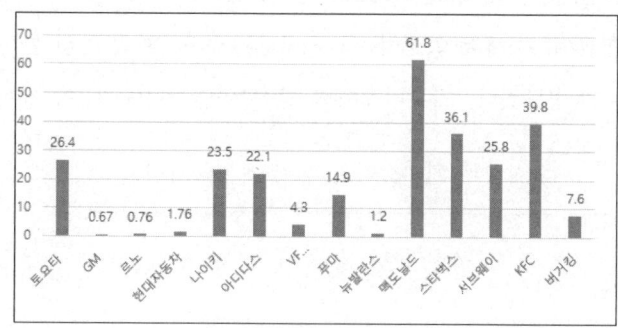

〈그림 6-3〉 기업별 페이스북 팬페이지 팔로워 수(단위: 백만 명)

(3) 페이스북 팬페이지 게시물 분석

2015년 12월 한 달 동안 15개 기업의 페이스북 팬페이지 게시물을 집계한 결과 총 132개로 기업당 평균 7.6개의 게시물이 게시되었다. 게시물의 수는 기업별로 차이가 커서 르노는 한 달 동안 20개의 게시물을 게시했지만, 나이키는 하나만 게시한 것으로 나타났다.

앞에서 설명한 소셜 미디어 분석 메트릭스 〈표 6-6〉을 활용하여 15개 주요 글로벌 기업의 게시물을 분석한 결과는 다음과 같다.

〈표 6-8〉 페이스북 팬페이지 게시물의 내용 및 소통 방식 분석 결과(게시물 수)

내용 소통방법	기업이나 제품 노출	사회공헌활동 관련	그 외 일반정보	소계
말하기 (단방향)	62	3	7	72 (54.6%)
듣기 (단방향)	3	0	3	6 (4.5%)
상호작용 (쌍방향)	49	3	2	54 (40.9%)
소계	114 (86.4%)	6 (4.5%)	12 (9.1%)	132 (100%)

분석 결과, 15개 주요 기업들은 소셜 미디어를 기업이나 제품 노출에 주로 활용(86.4%)하고 있으며, 일반 정보는 9.1%, 사회 공헌 활동 관련 내용은 4.5%정도였다. 커뮤니케이션 방식은 단방향(59.1%)이 쌍방향(40.9%)보다 많았다.

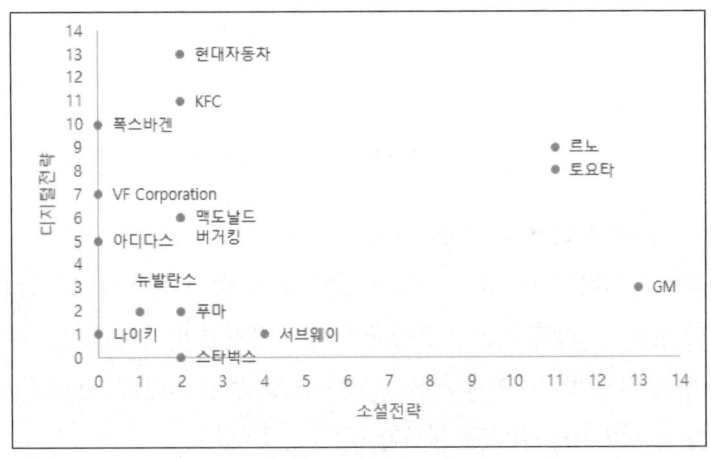

〈그림 6-4〉 주요 글로벌 기업의 페이스북 팬페이지
활용 현황(게시물 수 기준)

앞에서 설명한 바와 같이 소셜 미디어의 대표적인 활용 전략에는 디지털 전략과 소셜 전략이 있다. 기업들의 게시물을 분석한 결과 GM, 르노, 토요타 등은 소셜 전략을 주로 활용하고 있었고, 폭스바겐, VF Corporation, 아디다스, 나이키 등은 디지털 전략을 주로 활용하고 있었다.

산업별로 게시물을 분석한 결과 소셜 전략의 활용 비율은 자동차 산업이 53.8%, 스포츠 의류 산업이 21.4%, 외식 프렌차이즈 산업이 36.8%정도로 나타나서 자동차 산업이 상대적으로 소셜 전략을 더 많이 활용하는 것으로 나타났다.

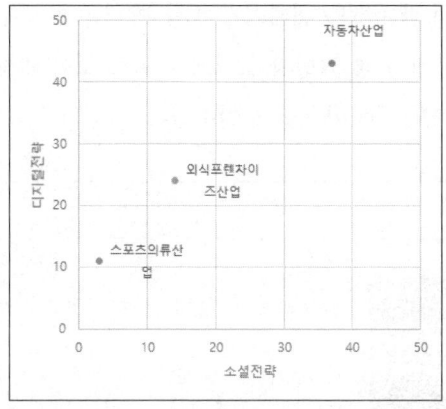

〈그림 6-5〉 주요 글로벌 산업의 페이스북
팬페이지 활용 현황(게시물 수 기준)

(4) 페이스북 팬페이지의 산업별 분석

다음 〈그림 6-6〉은 산업별 페이스북 팬페이지의 게시물을 분석한 결과이다. 자동차 산업에 속한 기업의 페이스북 팬페이지는 기업이나 제품 노출을 주력(86.25%)으로 하고 있었고, 일반 정보는 8.75%정도 다루고 있었다. 사회 공헌 활동과 관련된 내용은 5.00%로 가장 작았다.

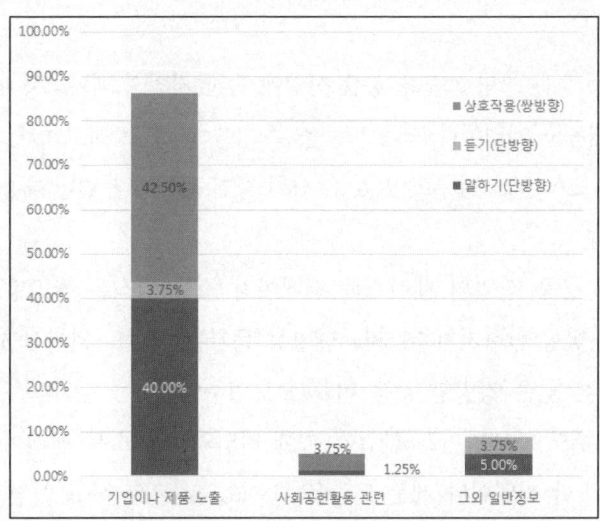

〈그림 6-6〉 자동차 산업의 페이스북 팬페이지 게시글(%)

자동차 산업의 페이스북 팬페이지 소통 방식은 쌍방향 소통이 46.25% 단방향 말하기가 46.25%, 단방향 듣기가 7.5%로 조사 대상 3개 산업군 중 가장 높은 쌍방향 소통 비율을 보여주었다.

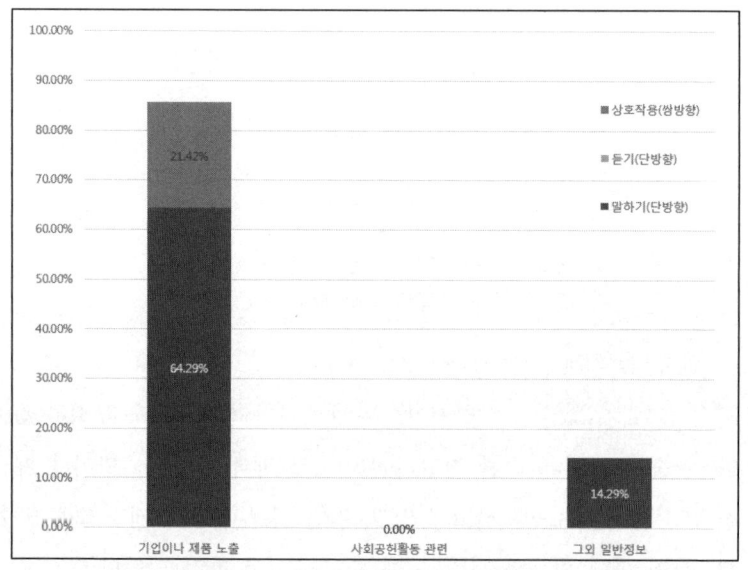

〈그림 6-7〉 스포츠 용품 산업의 페이스북 팬페이지 게시글(%)

〈그림 6-7〉을 보면 스포츠 용품 산업에 속한 기업의 페이스북 팬페이지 게시물 내용도 기업이나 제품 노출을 주력(85.71%)으로 하고 있었고, 일반 정보는 14.29% 정도 다루고 있었다. 사회 공헌 활동과 관련된 내용은 하나도 없었다.

스포츠 용품 산업의 페이스북 팬페이지 소통 방식은 쌍방향 소통이 21.42% 단방향 말하기가 78.58%, 단방향 듣기는 하나도 없어서 3개 산업군 중 가장 낮은 쌍방향 소통 비율을 보여주었다.

패스트푸드 프랜차이즈 산업에 속한 기업의 페이스북 팬페이지 게시물 내용 또한 기업이나 제품 노출을 주력(86.84%)으로 하고 있었고, 일반

정보는 7.90% 정도 다루고 있었다〈그림 6-8〉. 사회 공헌 활동과 관련된 내용은 5.26% 정도였다. 패스트푸드 프랜차이즈 산업의 페이스북 팬페이지 소통 방식은 쌍방향 소통이 36.84% 단방향 말하기가 63.16%, 단방향 듣기는 하나도 없었다.

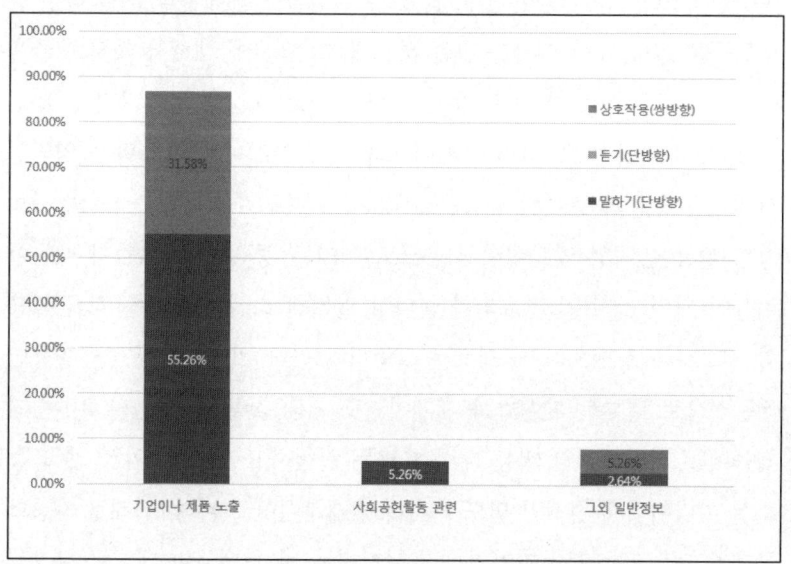

〈그림 6-8〉 패스트푸드 프랜차이즈 산업의 페이스북 팬페이지 게시글(%)

4. 결론

최근 기업들은 소셜 미디어의 활용에 많은 관심을 갖고 있다. 여기서는 기업들의 소셜 미디어를 활용한 영리/비영리 활동을 탐색적으로 살펴보았다. 주요 산업에 속한 17개 기업의 한 달간 페이스북 팬페이지를 분석한 결과를 요약하면 다음과 같다.

첫째, 국내외 주요 기업들의 페이스북 팬페이지는 기업 및 제품 노출에 주력하고 있었다. 이는 기업들이 페이스북을 홈페이지처럼 일방향 소통의 수단으로 인식하기 때문에 나타난 결과라고 볼 수 있다.

둘째, 국내외 주요 기업들의 페이스북 팬페이지는 소셜 미디어의 주요 속성인 상호 작용 비율이 높지 않았다. 기업들이 게시물을 올릴 경우 팔로워들은 그에 대한 댓글을 달곤 하는데, 그 댓글에 대해서 다시 댓글을 다는 비율은 예상보다 높지 않아, 활발한 상호 작용이 일어나지 않았다.

셋째, 국내외 주요 기업의 페이스북 팬페이지는 비영리 활동 영역인 사회공헌 활동과 관련된 내용을 그리 많이 다루지 않았다. 기업의 사회공헌 활동은 기업 입장에서 비용으로 여기는 경우가 많기 들기 때문이 비용이 거의 들지 않고 효과가 높다고 알려진 소셜 미디어를 적극 활용할 것으로 예상했으나, 실제로는 그렇지 않았다. 또한, 사회공헌 활동만 전문적으로 다루는 페이스북 팬페이지도 거의 찾을 수 없었다. 이는 기업들이 소셜미디어의 비용 대비 효과는 인식하고 있지만, 악성 댓글 등 소셜 미디어의 부정적인 면도 고려하기 때문이라고 본다. 실제로 제품에 문제가 있었던 자동차기업의 홈페이지에는 비난 댓글이 게시글 내용과 상관없이 계속 올라와서 기업에서 해명성 댓글을 다는 것을 종종 볼 수 있었다.

이 글은 기존 연구에서는 많이 시도하지 않았던, 페이스북 팬페이지를 분석하여 소셜 미디어를 활용한 기업의 영리/비영리활동에 대해 탐색적으로 살펴보았다. 하지만, 연구의 분석 기간이 짧고, 제한된 사업군을 대상으로 하였기 때문에 여러 가지 한계가 있었다. 통계적 유의성을 높이기 위해 분석 기간을 늘이고, 더 많은 산업군을 대상으로 분석을 한다면 소셜 미디어를 활용한 기업의 영리/비영리 활동에 대하여 더욱 의미 있는 결과를 도출해 낼 수 있을 것이다.

참고 문헌

곽현, 박선주, 정승화, 정예림(2015). 소셜미디어 연구의 흐름: 경영학 관련 연구의 메타분석. 〈지식경영연구〉, 16권 2호, 29-45.
권승경, 장동련(2011). 브랜드 아이덴티티의 소셜미디어 기반 문화경험적 활용방안 사례 비교분석 연구. 〈디자인학연구〉, 24권 1호, 187-200.
김인기, 전인오.(2015). 소셜미디어 특성이 경영성과 및 인지도에 미치는 영향: 시니어기업의 고객·마케팅관리를 중심으로. 〈디지털융복합연구〉, 13권 10호, 195-207.
김장열. (2015, 05, 22). 글로벌 기업들의 커뮤니케이션, 어떻게 바뀌고 있나. 〈더피알〉. URL: http://www.the-pr.co.kr/news/articleView.html?idxno=13026
박정은, 윤미영(2014). 초연결사회와 미래서비스. 〈정보와 통신〉, 31권 4호, 3-9.
성민정, 조정식(2009). 글로벌 기업의 통합 마케팅 커뮤니케이션 현황. 〈광고학연구〉, 20권 3호, 51-76.
윤미영, 권정은(2013). 창조적 가치연결, 초연결사회의 도래. (한국정보화진흥원 연구보고서, 10).
이영한, 서연경, 남호영, 황고은, 성민정(2012). 커뮤니케이션 전략과 매체에 따른 공중의 위기 커뮤니케이션 수용 정도. 〈홍보학 연구〉, 16권 1호, 35-77.
이지연(2012). 〈국내 기업의 소셜미디어를 통한 사회적 책임(CSR)에 관한 연구〉. 고려대학교 대학원 언론학과 석사학위논문.
표철식, 강호용, 김내수, 방효찬(2013). IoT (M2M) 기술 동향 및 발전 전망. 〈정보와 통신〉, 30권 8호, 3-10.
Duncan, T. R. & Everett, S. E. (1993). Client perceptions of integrated marketing communications. *Journal of Advertising Research, 33*, 30-39.
Kaplan, A. M. & Haenlein, M. (2010). Users of the world, unite! The challenges and opportunities of Social Media, *Business Horizons, 53(1)*, 59-68.
Kitchen, P. J. & Schultz, D. E. (1999). A multi-country comparison of the drive for IMC. *Journal of Advertising Research, 39(1)*, 61-72.
Mueller-Heumann, G. (1992). Market and technology shifts in the 1990s: Market fragmentation and mass customization. *Journal of Marketing Management, 8*, 303-314.
Newson, A., Houghton, D., & Patten, J. (2009). *Blogging and other social media: Exploiting the technology and protecting the entreprise*. UK: Gower Publishing, Ltd, Farnham.
Piskorski, M. J. (2011). Social strategies that work. *Harvard Business Review, 89(11)*,

116-122.

Piskorski, M. J. (2014). *A social strategy: How we profit from social media*. Princeton, NJ: Princeton University Press.

Piskorski, M. J. & Johnson, R. (2012). Social strategy at Nike. *Harvard Business School Case*, 712-484.

Porter, M. E. & Kramer, M. R. (2011). Creating shared value. *Harvard Business Review, 89(1/2)*, 62-77.

Toffler A. & Toffler H. (2006). *Revolutionary wealth: How it will be created and how it will change our lives*. New York, NY: Doubleday.

Wellman, B., Haase, A. Q., Witte, J., & Hampton, K. (2001). Does the Internet increase, decrease, or supplement social capital? Social networks, participation, and community commitment. *American behavioral scientist, 45(3)*, 436-455.

USC(2014), *GAP Ⅷ: Eight Communication and Public Relations* USC Annenberg, CA: Strategic Communication and public Relations Center.

7장 복잡계 관점에서 본 시장 현상

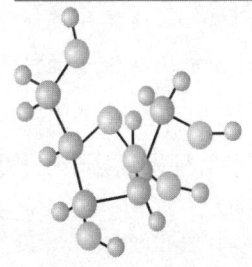

이제호, 박연진

1. 서론

본 장에서는 전 세계의 수많은 경제 주체들이 하나로 연결되는 초연결 사회의 출현이 금융위기 발발 가능성에 어떤 영향을 미치는지에 대해 분석하고, 이와 관련된 위기관리 시사점을 제시한다. 한국언론진흥재단 기사 통합검색 결과에 의하면 2015년 한 해 동안 금융위기가 언급된 기사의 건수는 무려 153,029개에 달한다. 이처럼 금융위기는 최근 언론에 자주 회자되는 내용이다. 2016년 1월 초 전 세계 주식시장은 심리적 공황으로 인해 주가가 폭락하였고, 이와 관련된 기사들이 연일 각종 미디어의 1면을 도배하였다.

주가 폭락의 배경에는 중국의 금융위기 가능성이 핵심으로 부각되었다. 중국의 금융위기에 의한 경착륙 가능성에 대해서는 전문가마다 의견이 분분하다. 2016년 다보스 포럼에서 소로스는 중국의 경착륙은 불가피하다고 주장하였다. 반면에 이것은 중국 경제의 펀더멘탈을 제대로 반영하지 못한 과도한 주장이라고 반박하는 전문가도 많다. 2016년 하반기 이후 중국 경제는 안정화되었지만, 중국의 경착륙을 주장하는 전문가들은 미국의 출구전략이 시작되거나 세계 경기가 하강하는 기미가 보이면 경착륙 징후가 다시 수면 위로 나타날 것이라고 호언장담하고 있다. 결과를 쉽게 예측하기도 힘들뿐더러, 일반인의 입장에서는 경착륙의 여부를 가리는 것조차 쉽지 않다. 시장은 다양한 참여자가 서로 복잡하게 상호작용을 하면서 금융위기가 발생하고 전파되는 복잡계다. 그 동안 사회과학에서 이러한 복잡계에 대한 연구가 미흡하여 적절한 사고의 틀을 제시하지 못한 것도 이러한 논란을 부추기는데 기여하였을 것이다.

본 논문에서는 지난 30년간 연구가 활발하게 진행되었던 복잡계 과학의 이론적인 틀을 적용함으로써 금융위기의 본질을 파헤치고, 금융위기에 대한 이해도를 높이고자 한다. 특히, 금융위기가 발생하는 메커니즘과 위기가 전이되는 경로 및 그 결과에 대해 복잡계 관점에서 이론적 틀을 재정립한다. 그리고, 이 틀을 실제 사례들에 적용함으로써 1997년 외환위기가 발생하게 된 메커니즘을 살펴보고, 이에 기반하여 과연 가까운 시기에 중국 금융위기가 발생할 가능성이 있는지에 대해 진단하고자 한다.

앞으로의 논문 전개 방향은 다음과 같다. 본 논문에서는 금융위기와 관련된 기존 문헌에 산재되어 있던 여러 내용을 복잡계 이론의 틀로 통합하여 정리한다. 특히, (1) 비선형 다이내믹스와 (2) 복잡계의 구조적 관점을 적용하여 금융 위기와 관련된 논의와 아이디어들을 재정립한다. 먼저, 비선형 다이내믹스의 관점에서 버블의 형성과 붕괴 등 위기 발생 메커니즘에 대해 논의한다. 그 다음으로는, 복잡계의 구조적 관점을 적용하여 위기의 파급 경로 및 확대 범위에 대한 분석 틀을 제시한다. 그 후, 제시된 두 가지 이론적 틀을 실제 사례인 1997년 외환위기 사태에 적용하여 금융위기의 발발 원인과 전파 경로 및 시사점에 대해 논의한다. 마지막으로 최근 언론의 관심을 받고 있는 중국 금융위기의 가능성 및 여파에 대해서도 제기한 사고의 틀을 적용하여 시사점을 도출하고자 한다.

2. 복잡계의 이론적 틀

복잡성에 대한 정의는 학자마다 큰 차이가 있을 수 있으나, 본 논문은 크게 두 가지 조건에 초점을 둔다. 첫 번째 조건은 시스템을 구성하는 구성원의 수가 많아야 한다는 것이고, 두 번째 조건은 구성원 간에 상호작용이 존재해야 한다는 것이다. 이 두 가지 조건을 만족하는 시스템을 복잡계 시스템으로 간주한다. 시장은 수많은 거래 참여자가 각자 의사결정에 의해 주식과 같은 자산을 사고 파는 장이다. 따라서 시장은 복잡계 시스템의 첫 번째 조건을 만족한다. 참여자들은 개인 투자자, 기업, 펀드, 중개인, 투기세력, 컴퓨터 알고리즘 등 매우 다양하며, 각 참여자마다 생각이나 투자 전략이 다를 수 있다. 각 참여자의 의사결정은 타 참여자에게 심리적 영향을 주거나 상대방의 자산 가치를 변화시켜 시장 가격 형성에 영향을 미칠 수 있다. 이것은 바로 복잡계의 두 번째 조건이다. 시장 참여자가 서로에게 영향을 받아 모두 같은 생각을 하면 투매가 일어나기도 하며, 반대로 강세장이 출현하기도 한다. 더욱이, 각 나라의 시장 개방화 추세와 더불어 정보통신 기술의 눈부신 발전으로 인하여 전 세계의 시장 참여자들은 서로 하나로 연결되기 시작하였다.

이러한 초연결 시장에서는 구성원 간 상호작용에 의한 연쇄적인 반응을 일으켜 예상하지 못한 결과를 초래할 수 있다. 2008년 미국 금융위기가 그 실례다. 2008년 리만의 파산으로 시작된 폭풍은 먹구름을 동반하여 여러 나라를 휩쓸며 순식간에 전 세계를 공포의 혼돈의 도가니로 몰아넣었다. 전 세계 주식시장이 동반 폭락하였고, 며칠 동안 10조 달러에 달하는 부(wealth)가 주식시장에서 증발하였다. 노벨경제학 수상자인 스티글리츠는 이러한 상황을 '시장이 자유낙하하고 있다'고 묘사하기도 하였다(Stiglitz, 2010). 또한 주식시장의 붕괴와 함께 신용경색, 부동산시장 불황, 과잉재고 등의 여러 가지 악재가 한꺼번에 발생하였다. 스티글리츠는 대공황 이후 이러한 악재가 이렇게 동시다발적으로 쏟아진 경우는 없었다고 하였다. 더욱이, 악재의 먹구름을 동반한 거대한 폭풍이 대서양과 태평양을 건너 멀리 있는 다른 대륙을 강타하는 데까지 긴 시간이 걸리지도 않았다. 전 세계로 위기가 파급되는 과정에서 위기의 강도가 이렇게 빠르게 증폭되는 현상은 역사적으로도 유래가 없던 일이었다고 한다. 정보통신망으로 전 세계 경제 주체들이 연결된 초연결 사회의 도래가 어떤 결과를 초래할 수 있는지를 유감없이 보여준 사례라고 할 수 있다.

그러나 기존의 경제학 이론에서는 이러한 복잡성을 간과하고 균형에 주로 초점을 맞추어 왔다. 기존 이론에서는 소비자 간 혹은 투자자 간 상호작용에 의해 발생할 수 있는 연쇄반응과 같은 비선형 다이내믹스(non-liner dynamics)를 다루지 않았다. 기존의 경제학 이론은 균형 개념에 기초한 선형 세계(Linear World)를 가정한다. 여기서 선형 세계란 수많은 시장 참여자들이 다른 참여자의 영향을 전혀 받지 않고 독립적으로 의사결정을 내리는 것을 의미한다. 기본 가정은 경제 주체가 각자 독립적으로 판단하고 선택을 하지만 모두 합리적으로 행동하기 때문에 시장 전체에서 이러한 의사결정의 결과들이 조화를 이루어 시장이 효율적이고 안정적인 균형에 도달할 수 있다는 것이다. 이러한 시장의 순기능에 대해 너무 집착하다 보니, 정작 시장의 역기능이 왜 발생하는지에 대해서는 별로 관심을 갖지 않았다(Roubini & Mihm, 2010).

그렇지만 실제 시장은 경제학 이론에서 묘사하는 시장과는 매우 다르다. 실러는 실제 주식시장의 변동성은 효율적 시장 가설에서 제시하는 것보다 훨씬 더 높다는 점을 입증했다(Shiller, 2003). 시장의 행태를 보면 외부 충격에 과잉 반응하는 경우도 있고, 이로 인해 생각하지 못한 증폭 효과에 의해서 나비의 날갯짓이 폭풍우가 되는 것과 같은 예측하기 어려운 결과가 나타날 수도 있다. 실제 주식시장에서는 2008년 9월 이후, 또는 2016년 1월처럼 갑작스럽게 주가가 폭락하는 불안정적인 행태들을 관찰할 수 있다.

민스키는 신고전주의 이론이 이러한 시장의 불안정성을 가정에서부터 배제하였다고 지적하였다(Minsky, 1982). 그는 금융위기 발생 가능성을 전적으로 배제한 기존의 이론적인 틀을 통해서는 금융위기에 대한 통찰력을 키울 수 없고, 따라서 이러한 이론을 통해서는 위기에 어떻게 대응을 할 것인가에 대한 정책적 시사점도 도출할 수 없다고 지적하였다.

뷰케넌은 이러한 시장의 불안정적 행태를 연구하는 방법론으로써 복잡계 이론의 한 흐름이었던 비균형(non-equilibrium) 이론을 제안하였고, 기상학의 성공사례를 벤치마킹 대상으로 제시하였다(Buchanan, 2013). 1950년대 이전의 기상학은 경제학과 비슷하게 균형 개념이 이론의 주축이었다고 한다. 그러나 기상학자들은 비현실적인 균형 이론의 문제점을 자각하였다. 그들은 기존 이론을 버리고 비균형 모형 및 비선형 동역학을 수용하였고, 컴퓨터 시뮬레이션 방법론을 적극적으로 받아들였다. 복잡계 이론을 접목시켜 기상학 발전에 전기(轉機)를 마련한 것이다. 실제로 지구의 대기는 비균형 시스템이고, 이를 예측하는데 있어서 적절한 비균형 이론 모형을 받아들인 것이 기상 예측의 정확성을 대폭 높이는 데 기여하였다고 뷰케넌은 지적하였다(Buchanan, 2013).

최근까지 발전된 복잡계 이론의 틀을 적용하여 금융위기 관련 개념들을 정리하면 크게 두 가지로 나눌 수 있다. 첫째는 다이내믹스에 대한 복잡성(Dynamical complexity)이고, 둘째는 구조적 복잡성(Structural complexity)이다. 금융위기 현상도 이 두 가지 복잡성으로 나누어 정리할 수 있다. 전자는 금융위기 발생 메커니즘에 해당되고, 후자는 위기 전파 경로와 관련이 있다.

1) 다이내믹스에 대한 복잡성(Dynamical complexity)

역사적으로 보면 대부분의 금융위기는 이전의 금융 버블로부터 비롯되었고, 이러한 버블이 신용 팽창을 통해 확대됨으로써 발생되었다(Roubinin & Mihm, 2010). 금융위기 발생 메커니즘은 포지티브 피드백(Positive feedback)에 의한 비선형 다이내믹스 형태로 볼 수 있는데, 포지티브 피드백은 크게 두 가지, 선순환 다이내믹스와 악순환 다이내믹스로 나누어 생각할 수 있다. 일반적으로 시장이 과열되어 버블을 형성하는 과정에서는 선순환 다이내믹스를 따르지만, 버블이 붕괴될 때는 악순환 다이내믹스 형태로 전환된다.

(1) 버블 형성 메커니즘

먼저 선순환에 의한 버블 형성 메커니즘을 살펴보자. 버블 형성 메커니즘은 경제시스템이 과열에 도달하는 메커니즘으로서 선순환에 의해 버블이 증폭되는 다이내믹스에 기인한다. 이는 비선형 다이내믹스의 일종으로, 크게 비이성적 과열과 부채 팽창의 두 가지 요소에 의해 시장에서 버블이 형성되고, 증폭된다.

실러는 비이성적인 과열 현상이 버블을 형성하는 주요 요소 중 하나라고 지적하였다(Siller, 2005). 그는 비이성적 과열이 투기적 버블의 심리적 기반이 된다고 하였다. '부동산 가격은 항상 오른다'는 부동산 불패 신화가 대표적인 비이성적 과열의 사례라고 볼 수 있다. 2008년 금융위기 이전에 부동산시장이 과열되었을 때 한국에서도 부동산 불패 신화를 믿는 사람이 많았다. 실러는 비이성적인 과열을 통해 투기적 버블이 일어나는 원리를 다음과 같이 정리하였다(Shiller, 2005). 가격 상승에 대한 뉴스는 투자자의 마음을 들뜨게 하여 가격이 지속적으로 상승할 것 같은 분위기를 조성하며, 이 분위기는 다른 사람들에게 전파된다. 이는 선순환 효과를 일으켜 더 많은 투자자를 시장으로 끌어들여 가격 상승을 더욱 증폭시킨다. 한국에서도 부동산 버블이 심했던 시절, 이러한 분위기를 쉽게 감지할 수 있었다. 그러면 더 많은 투자자들이 시장으로 몰려오고, 이는 가격이 계속 오르는 강세장을 만들기 때문에 사람들의 행태를 투기적으로 몰고 가 거품을 일으키게 된다.

(2) 신용 팽창과 비선형 동역학

버블을 형성하는 또 다른 요인으로는 신용 팽창이 있다. 레버리지는 제한된 투자 자금으로 수익률을 증폭시키는 수단이다. 강세장에서 레버리지를 많이 사용하면 할수록 수익률은 더 증가할 가능성이 크다. 특히, 자산을 담보로 사용할 경우, 가격 상승에 의해 담보의 가치가 상승하면 신용을 통해 레버리지를 더 늘릴 수 있게 된다(Roubini & Mihm, 2010). 따라서 레버리지를 통한 신용 팽창은 선순환을 통해 버블을 더욱 증폭시키는 또 다른 메커니즘이 된다.

최근, 그림자 금융은 이러한 신용 팽창을 가속화시키는 주범이었다. 그림자 금융이란 규제기관의 철저한 규제를 받는 상업은행을 제외한 금융권을 지칭하는 것으로 규제의 사각지대라고 할 수 있다. 이들은 규제기관들의 간섭을 받지 않기 때문에 가파르게 신용 팽창을 조장하여 시장에 부채 버블을 더욱 강하게 일으키는 성향이 있다. 따라서, 그림자 금융의 존재를 파악하고 이들의 역할을 이해하는 것이 금융위기 분석에서 매우 중요해졌다. 이와 관련하여 크루그만은 그림자 금융의 영향력 확대가 경제 시스템을 보다 위기에 취약한 구조로 만들기 때문에 1930년대에 발생했던 대공황과 같은 치명적 금융위기에 노출될 수 있다고 지적하였다 (Krugman, 2009).

실제로 2008년 금융위기의 주범은 상업은행들이 아니었다. 상업은행들은 엄격한 규제에 손과 발이 묶여 있었기 때문에 큰 사고를 칠 수 없는 상황이었다. 2008년 금융위기의 주범은 규제의 사각지대에 있던 투자은행과 헤지펀드들이었다. 금융위기 이전부터 이들의 영향력은 독버섯처럼 확대되었다. 2007년에 이들이 운용하던 자금의 전체 규모는 상업은행 전체가 운용하던 자금 규모에 육박하게 되었다. 특히, 이들은 레버리지를 과도하게 사용하였고, 다양한 금융 상품을 만들어 카지노 판을 방불

케 하는 투기의 장을 만들었다. 이러한 그림자 금융은 신용 팽창과 투기를 가속화하여 버블의 규모를 더욱 증폭시켰다.

(3) 버블 붕괴 메커니즘

신용 팽창을 동반한 버블이 붕괴될 때, 붕괴 메커니즘은 포지티브 피드백에 의한 악순환의 비선형 다이내믹스로 볼 수 있다. 신용 팽창은 강세장에서는 투자 수익률을 증폭시키지만, 자산 가치가 하락하는 약세장으로 돌변할 경우 과도하게 늘어난 신용은 파산과 같은 치명적인 결과를 초래한다. 2007년 월가에서 발생한 '퀀트 붕괴'가 이러한 악순환 다이내믹스의 실례가 될 수 있다(Buchanan, 2013). 컴퓨터 프로그램에 의해 거래차익을 극대화하는 분야에 특화된 헤지펀드들은 래버리지를 높여 수익률을 제고하여 왔다. 2007년 이전까지의 시장은 강세장이었고, 따라서 레버리지를 사용하는 펀드가 상대적으로 수익률이 더 좋을 수밖에 없었다. 수익률이 낮은 헤지펀드는 고객 유치 경쟁에서 밀리기 때문에 헤지펀드들은 경쟁적으로 레버리지를 높이기 시작했고, 이는 신용 팽창에 의한 버블을 형성하고 증폭시켜 결국 퀀트 붕괴를 초래하였던 것이다.

2008년 금융위기의 피해가 컸던 이유는 경제 전반에 걸쳐서 레버리지가 과도하게 확대되었기 때문이었다. 특히, 서브프라임 모기지의 피해가 상상을 초월할 정도로 불어난 것은 바로 레버리지를 무분별하게 확대한 결과라고 알려져 있다(Blinder, 2013). 일반적으로 미국의 부동산 침체가 미국 경제를 파국으로 몰고 가지는 않는 것으로 알려져 있다. 그러나 부동산 모기지를 기반으로 만든 파생상품들은 기본 설계에 레버리지가 포함되어 있다(Richards, 2014). 그리고, 2007년 이전까지 이 파생상품들이 버블의 중심에 있었다.

(4) 부채 디플레이션 이론과 악순환 비선형 다이내믹스

악순환의 비선형 다이내믹스와 관련하여 2008년 금융위기 이후 많은 학자들의 관심을 끈 이론은 바로 부채 디플레이션 이론이다. 이 이론은 미국의 대공황 진행 상황을 관찰한 피셔에 의해 1933년 처음 제시되었다 (Fisher, 1933). 이 이론은 경제 전반에 신용이 팽창한 상태에서 경기가 하락세로 접어들 경우 어떻게 신용의 폐해가 증폭되면서 경제 상황이 더욱 악화되는지에 대해 기술하였다.

악순환이 발생하는 이유는 채무자가 빚을 갚는 과정에서 소비를 줄이기 때문에 수요 감소에 의한 디플레이션이 발생하고, 판매 부진으로 인해 기업이 투자와 고용을 줄이면서 경제 상황이 갈수록 악화되기 때문이다. 이 이론의 역설적인 논점은 채무자가 빚을 갚으려고 하면 할수록 빚의 비중이 오히려 늘어날 수 있다는 것이다. 부채 디플레이션 악순환의 메커니즘은 아래의 두 가지 조건이 모두 충족되었을 경우 작동된다. 첫 번째 조건은 가계, 기업 및 금융회사 등이 경제 전반에 걸쳐 레버리지를 과도하게 사용하는 것이다. 두 번째 조건은 시장에 유동성이 부족하여 디플레이션이 일어나는 것이다. 피셔는 만약 이 두 가지 조건 중 하나라도 충족되지 못하면 악순환은 일어나지 않을 수 있다는 점을 지적하였다. 예를 들어, 중앙은행이 양적 완화와 같은 극약처방을 동원하여 유동성을 늘리면 부채 디플레이션 악순환에는 빠지지 않을 수도 있다는 것이다.

(5) 민스키 모멘트

상전이 개념은 버블 형성에서 버블 붕괴로 시장의 행태가 급선회하는 과정을 이해하는데 도움이 된다. 상전이 개념은 원래 물리학에서 나왔다. 예를 들면, 물은 섭씨 0도 이하에서는 고체 상태를 유지하지만, 이 온도를 넘어서면 성질이 전혀 다른 액체로 갑자기 전환되는데 이를 상전이라고 한다.

상전이 현상에서는 두 가지 상반되는 방향으로 움직이려는 힘 간에 팽팽한 싸움이 벌어진다. 시장에서도 이런 힘 싸움을 종종 관찰할 수 있다. 시장의 한편에서는 호황을 지속시키려는 관성이 있다. 다른 한편에서는 부채의 부실로 인해 이미 형성된 버블에 붕괴 압력을 가하는 반작용이 일어날 수 있다. 강세장을 전망하는 투자자들은 주가가 조금이라도 하락하면 이를 기회로 더 투자할 것이다. 반대로 버블 붕괴를 전망하는 투자자들은 공매도나 다른 투자 전략을 활용하여 약세장에 베팅할 것이다. 두 힘이 팽팽하면 별다른 변화 없이 지루한 박스권에서 가격 등락을 거듭할 것이다. 그러나 새로 제공된 정보로 인해 한 쪽 힘이 다른 쪽의 힘을 누르고 임계점에 도달하면, 시장이 한 방향으로 가파르게 움직이는 국면 전환을 종종 관찰할 수 있다.

민스키 모멘트는 호황으로 치닫던 경제가 갑자기 붕괴되는 그 순간을 일컫는 용어이다. 이는 상전이 현상에서 한 방향으로 움직이던 힘이 쇠퇴하고 다른 방향의 힘이 갑자기 강해지는 임계점과 유사하다. 크루그만은 자산 가치가 상승할 동안에는 투자자들의 기분이 상승하지만, 민스키 모멘트 이후에는 갑자기 심리 상태가 공포로 돌변하면서 국면 전환이 일어난다고 묘사하였다(Krugman, 2013). 강세장에서는 비이성적 과열이 심화되면서 영원히 호황이 지속될 것 같은 분위기가 형성되지만, 민스키 모멘트가 발생하면 갑자기 분위기가 바뀌어 시장의 급격한 시장 붕괴가 일어나는 것을 관찰할 수 있다. 민스키 모멘트는 투자자들이 갑자기 위험자산에 거부감을 느끼고 집단으로 안전자산으로 도피하게 되는 일종의 터닝 포인트라고 볼 수 있다(Roubini & Mihm, 2010).

민스키는 금융 시스템이 경제 불안정성의 촉매 역할을 할 수 있다는 점을 직시하였다(Minsky, 1982). 금융시스템은 과거 실적을 바탕으로 투자 결정을 한다. 따라서, 성장성이 높았던 투자처에 투자함으로써 성장에 편승하려는 성향이 강하다. 이러한 성향은 군중심리에 휩쓸리는 비이성적 과열을 조장하고 투기 버블을 자초하여 위기 가능성을 증폭시킬 수 있다. 뿐만 아니라 군중심리에 의한 편승효과로 인해 거래 관계자의 망이 기하급수적으로 커질 수 있기 때문에, 위기가 발생하면 전염될 수 있는 영역이 충격적으로 확대되면서 피해의 범위와 크기도 생각 외로 훨씬 커질 수 있다. 특히, 규제의 사각지대에 있는 그림자 금융회사들이 부채를 과도하게 사용하여 호황의 진폭을 확대하는 경향이 있는데, 이러한 상황에서 호황이 계속 유지되지 못할 경우 갑작스러운 시장 붕괴 현상이 일어날 수 있다. 크루그만에 따르면 일단 부채비중이 높아지고 부채 버블이 형성될 경우에는 작은 외부 충격에도 민스키 모멘트가 발현될 수 있어 시스템이 위기에 매우 취약해진다고 지적하였다(Krugman, 2013).

2) 복잡계의 구조적 관점

전술한 비선형 다이내믹스는 금융위기가 어떻게 발생할 것인지에 대한 이해를 높일 수 있다. 반면, 복잡계의 구조적 관점은 금융위기가 전파되는 경로에 대한 이해도를 높이는 데에 도움이 될 것이다. 방역기관에서 전염병이 확산되는 것을 차단하기 위해서는 전염 경로를 이해하는 것이 첩경이다. 마찬가지로, 금융위기의 확산을 차단하기 위해서는 위기가 어떤 경로를 통해 어떻게 확산될 것인지를 이해하는 것이 중요하다.

초연결 사회의 도래는 금융위기가 일어날 수 있는 가능성을 높일 뿐만 아니라, 금융위기가 발생할 경우, 위기가 진앙지를 벗어나 다른 국가로 빠르게 전이될 수 있는 가능성도 높인다. 최근 금융위기의 전염성이 강해지는 근본 이유는 투자자들 간에 거래와 상호작용이 활발해지면서 많은 시장의 참여자들이 하나로 연결된 거대한 클러스터를 형성하기 때문이다. 특히, 각국 자본시장의 개방과 정보통신 기술의 발전은 이러한 금융시장에서 거대 클러스터의 형성을 촉진시켰다. 예를 들면, 2008년 금융위기가 미국 국경을 벗어나 다른 나라에도 전파되어 후폭풍을 일으키게 된 이유는 리만이 금융상품 거래에서 전 세계 수백만의 거래 상대자(counter party)들과 연결된 허브였기 때문이다. 당시, 약 8000개에 달하는 금융회사들이 파생상품 거래를 위해 수조 달러를 리만에 담보로 제공하고 있었다고 한다(Buchanan, 2013). 또한, 리만은 수백만에 달하는 파생상품 계약의 거래 상대자였고, 레포(Repo; repurchaser agreement; 환매 조건부 채권매매) 시장에서 큰 손의 채무자였다(Blinder, 2013). 리만의 파산으로 이와 연결된 거대 클러스터가 위기 전파의 경로가 되었고, 결국 연쇄 부실의 방아쇠가 되었다.

지난 15여 년 간 복잡계 네트워크에 대한 연구가 활발히 진행되었고, 그 결과 연쇄반응 경로를 이해하는데 유용한 이론적 틀이 최근 제시되었다(Lee, Kim, Lee, & Khang, 2015). 이 이론에 따르면 네트워크에 대한 상세한 정보가 없어도, 거대 클러스터의 형성만 파악할 수 있다면 다이내믹스에 대한 이해는 의외로 간단하다는 점이다. 금융거래 네트워크는 다양한 금융상품 취급과 동시에 상호 채무관계로 인해 거래자 관계가 복잡하게 얽히는 방향으로 진화할 수 있다. 거래 상대자 네트워크의 구성원이 많아지고 관계가 복잡해진 상황에서 한 구성원이 파산하게 되면 이는 거래관계에 있는 다른 구성원들의 재무 상태를 부실하게 만들면서 연쇄적으로 위기가 다른 구성원에게 전이될 수 있다. 특히 신흥국가에서는 이러한 거래관계가 부패의 사슬과 부실의 고리로 발전한 경우가 많았다.

그러나, 모든 거래자가 상대방에게 부실을 전파하는 것은 아니다. 재무상태가 건전한 금융회사는 위기의 충격을 흡수할 수 있고, 따라서 부실을 다른 거래자에게 전파시키지도 않는다. 마찬가지로, 재무상태가 건전한 가계는 자신들이 투자한 금융상품이 부실화되어도 이 충격을 흡수할 수 있고, 타인에게 부실을 전가하지 않는다. 문제가 되는 것은 재무상태가 취약한 거래자들이다. 특히 부채비율이 높은 거래자들 간에 클러스터가 형성될 경우 작은 외부 충격에도 연쇄 반응으로 인해 전체 클러스터가 붕괴될 가능이 커진다.

재무상태가 취약한 거래 상대자들 간의 거래 관계로 맺어진 거대 클러스터의 형성과 그 효과는 최근 연구의 관심의 대상이었다(Lee, Kim, Lee, & Khang, 2015). 이 클러스터의 규모가 크게 형성될수록 위기의 파급 효과가 커진다. 따라서, 클러스터가 어떻게 성장하는지를 이해하는 것이 연구의 핵심 포인트이다.

클러스터는 초기에는 작은 규모로 시작한다. 그러나 어느 임계점을 지나면 선순환이 일어나 가파르게 거대 클러스터가 형성된다. 이것은 마치 중력이 작용하는 원리와 유사하다. 일단 거대 클러스터가 형성되면 중력이 작용하듯 주변의 다른 클러스터들을 빠르게 흡수한다. 돈이 된다는 소문에 여기저기에서 투기 세력들이 몰려들고, 이들이 서로 거래 관계를 맺으면서 순식간에 거대한 부실의 고리가 만들어지는 것이다. 실제로 미국 부동산 시장이 강세장이었을 때, 전세계 수많은 금융회사들은 부동산 기반 파생상품인 부채담보부증권(CDOs; Collateralized Debt Obligation)에 몰려들어 이 상품을 서로 사고팔면서 투기 버블을 대폭 확대하였다. 그리고 이 거래의 중심에 리만과 베어스턴스가 있었다.

그렇지만 거대 클러스터가 언제나 형성되는 것은 아니며 클러스터의 성장을 방해하는 요인들도 있다. 이것은 가계나 기업을 파산시키는 외부 충격들이다. 외부 충격이 빈번하게 일어나면, 클러스터의 연결고리의 성장을 제약하기 때문에 작은 클러스터만 생성되고, 거대 클러스터는 형성되지 않는다. 이럴 경우 금융위기는 일어나지 않는다.

반면에 유동성이 풍부하여 외부 충격이 자주 일어나지 않을 경우, 클러스터 간 연결 고리의 성장을 제약하는 요인이 사라지기 때문에 거대 클러스터가 출현하게 된다. 실제로 중앙은행이 금리를 낮추고 유동성을 확대하면, 이자가 낮고, 돈을 빌리기가 쉽기 때문에 기업이나 가계의 파산이 적게 일어나고, 좀비 기업들도 생명을 오랫동안 연장할 수 있다. 이럴 경우, 외부 충격이 줄어들어 비이성적 과열을 조장하게 되므로 투기 세력들이 큰 장을 형성할 가능성이 커진다. 다시 말해서, 금융위기의 전달 경로인 거대 클러스터는 유동성이 풍부한 시기에 발생한 투기적 버블의 소산으로 생각할 수 있다.

일단 투기적 버블에 의해서 거대 클러스터가 형성되고 나면, 이 클러스터는 작은 외부 충격에도 민감하게 반응한다. 민스키 모멘트를 초래하여 급격한 연쇄 붕괴 현상으로 이어질 수 있다. 예를 들어, 거대 클러스터 중의 한 금융회사가 충격에 노출되어 파산을 하면, 그 파장이 다른 거래 상대자로 이어지면서 촘촘한 연결 고리를 타고 빠르게 전파되어, 결국 클러스터 전체가 순식간에 붕괴된다. 특히 거대 클러스터의 네트워크 구조가 브리지(bridge)나 허브(hub) 등의 스몰월드 네트워크 요소로 구성되어 있기 때문에 네트워크 내의 구성원들 사이의 거리가 매우 짧아 위기가 매우 빠르게 전파될 수 있다. 다음 절에서는 복잡계 관점에서 정리된 내용을 1997년 외환위기와 중국의 금융위기 가능성에 적용하여 시사점을 도출한다.

3. 1997년 아시아 외환위기

1997년 아시아 외환위기는 한국에도 큰 피해를 입혔기 때문에 많은 사람들은 금융위기에 대한 아픈 기억을 가지고 있다. 이들은 혹시라도 다시 금융위기가 오는 것은 아닌지 불안한 생각을 가지고 경제의 추이를 살피곤 한다. 투자자나 기업의 입장에서 위기 가능성을 미리 판단하는 것이 중요한 이유는 다음과 같다. 위기 가능성에 대해 오판을 하여 과잉 대응하면 투자의 기회 및 성장의 기회를 상실할 수 있다. 반대로, 위기에 대한 준비를 하지 않고 투자를 할 경우에는 위기가 발생하면 치명적인 손실을 입을 수 있다. 이 때문에 많은 사람들이 관심을 가지고 있기는 하지만 외환위기의 복잡성으로 인해서 일반인들이 외환위기의 본질을 파악하는 데에는 어려움이 있는 것 같다. 따라서 앞에서 설명된 복잡계 이론의 틀을 1997년 외환위기에 적용하여 금융위기에 대한 이해를 높이는 것은 의미가 있을 것 같다.

1) 1997년 아시아 외환위기의 본질에 대한 이해

1997년 외환위기의 본질을 제대로 이해하기 위해서는 당시 금융위기의 발생 경위 및 메커니즘을 살펴보고 복잡계 관점에서 이를 분석해 보아야 한다. 1990년대 초에 미국, 일본 등 선진국들은 침체된 경기를 부양하기 위해 저금리 정책을 펼쳤다. 태국의 한 금융회사는 해외의 낮은 금리를 절호의 사업 기회로 활용하였다. 이 회사는 앞서 설명된 그림자 금융에 속하는 금융회사 중 하나로 일본에서 본국에 비해 낮은 금리로 자금을 차입하여 바트화로 환전한 후 태국 부동산 개발업체들에게 대출하여 수익을 챙겼다. 돈이 된다는 소문이 돌면서 너도 나도 금융회사를 만들어 선진국에서 제공한 저금리 기회에 편승하고자 하였다. 해외에서 유입된 자금은 태국 경제를 활성화하는데 기여하였고, 태국 경제는 호황을 누리게 되었다. 경제 성장에 매력을 느낀 다른 해외 투자자들도 가세하여 자본 유입이 가속화되었다. 유동성이 넘쳐나자 태국 경제는 더 큰 호황을 누리게 되었고, 신용 팽창이 더욱 가속화되면서 과도한 투기적 버블이 형성되었다(Krugman, 2009).

　이전에 언급한 바와 같이 과도한 신용 팽창에 의해 형성된 투기적 버블은 위기에 매우 취약하다. 언제든 터질 수 있는 폭발물이 되는 것이다. 투자자나 채권자가 갑작스레 심리적 공황에 빠져 이들이 보유한 자산을 집단으로 투매하거나 자금을 한꺼번에 회수하는 행위가 발생하면 이 폭발물의 뇌관이 터진다. 태국의 신용 버블의 붕괴는 이를 우려한 외국인과 내국인들이 태국 바트화로 표시된 자산들을 팔고 대신 달러나 엔화 등의 안전자산을 구매하여 도피하는 과정에서 시작되었다. 경기침체 조짐이 보이면서 태국 중앙은행은 환율 안정화를 위해 시장에 개입하였다. 하지만 바트화의 약세에 배팅하는 세력에 맞서서 싸우기에는 역부족이었다. 결국 외환보유고만 축내고, 환율 안정화 시도는 실패하였다.

　1997년 7월 2일 태국 중앙은행은 결국 바트화의 절하를 용인하였다. 그 이후 바트화의 가치는 더욱 가파르게 폭락하였고, 태국 중앙은행이 금리를 인상하기까지 무려 50%나 절하되었다. 이미 빚에 시달리던 금융회사 및 기업들에게 금리 인상은 더 큰 고통을 가져다주었다. 일반적으로 빚이 많은 상황에서 금리가 인상되면 대출 축소와 생산 활동의 위축을 초래하게 되고, 이 과정에서 경제가 악순환으로 치닫게 된다(Krugman, 2009).

2) 외환위기의 전염성

　태국 금융위기의 폐해는 자국 경제에만 국한되지 않았고, 국경을 넘어 인도네시아, 말레이시아 등 인접국가로 파급되었다. 심지어 지리상으로는 멀리 떨어진 한국까지 위기가 전이되어 IMF에 구제 요청을 하는 지경까지 이르게 되었다. 이처럼 1997년 아시아 외환위기는 급속도로 넓은 범위로 전파되는 강력한 전염병과 같은 모습을 보여주었다. 아시아 금융위기가 이렇게 전염성이 강했던 이유는 무엇일까? 어떻게 태국의 금융위기가 우리나라에까지 여파를 미치게 되었을까?

우선, 태국과의 교역을 통해서 위기가 한국까지 전파되었을 가능성을 고려해 볼 수 있다. 그러나 당시 태국은 한국의 주요 교역 상대국이 아니었기 때문에 한국과 태국 간의 교역 규모는 매우 미미한 수준이었다. 따라서 교역이 금융위기의 전염 경로가 될 가능성은 희박했다.

그렇다면 어떤 경로를 통해 위기가 전파된 것인가? 이에 대해 크루그만은 신흥시장 펀드가 아시아 금융위기 전파의 주범이라고 지적한 바 있다(Krugman, 2009). 90년대 선진국 투자자들은 선진국의 성장 둔화와 저금리 기조로 인해 수익률이 더 높은 투자처를 찾고 있었다. 상대적으로 경제 성장률과 금리가 높은 신흥국가들은 매력적인 투자처로 인식되기 시작하였다. 이 기회를 틈타 금융회사들은 신흥시장 펀드라는 신규 금융상품을 만들어 투자자들로부터 자금을 유치하였고, 이 자금을 여러 신흥국가들의 자산에 분산하여 투자하였다. 이 자금들은 태국과 한국을 비롯한 아시아 개발국가들의 주식 및 채권에 투자되었다. 당시 금융위기가 유난히 전염성이 강했던 이유는 바로 선진국 투자자들이 신흥시장에 대한 신뢰를 잃고 이 펀드들에서 자금을 회수하면 태국에서만 자본 유출이 일어나는 것이 아니고 우리나라에서도 동시에 자본유출이 발생하였기 때문이었다. 이것이 바로 아시아 금융위기 전파 문제의 핵심이었다. 90년대 우리나라에서는 상상하기 어려웠던 경로를 통해 위기가 전염되었기 때문에, 무방비 상태로 위기에 노출 되었다.

3) 위기 관리 시사점

포지티브 피드백에 의한 악순환은 충격적인 결과를 초래할 수 있다. 신용 팽창에 의해 투기적 버블이 증폭되면, 국가 경제 전체가 시장의 심리적 공황상태에 매우 취약해진다(Krugman, 2009). 또한 시장이 일단 심리적 공황상태로 돌입하면 시장참여자들이 이성적 판단에 의해서 행동하지 않게 될 수 있다. 실제보다 지나친 우려로 비상식적인 행태를 보여줄 수도 있고, 이러한 의식과 행태를 전적으로 무시하면 어느 순간 심리적 공황상태가 심화되면서 자산시장에서 집단 투매 현상이 일어날 수도 있다.

놀라운 것은, 이들의 논리와 행동이 비이성적임에도 불구하고, 이들이 예상한대로 상황이 전개될 수 있다는 점이다. 크루그만은 이를 "자기 실현적 예언"(Self-fulfilling prophecy)이라고 명명하였다(Krugman, 2009). 비관적 전망이 경제 행위자들에게 위기감을 조성하고 외환시장에서는 이러한 위기감이 비이성적인 매매로 이어져 자본의 급격한 유출로 표출된다. 따라서 정부 책임자는 단순 시장 개입에 나서기보다 위기의 근원과 전파 경로를 파악하고, 비이성적인 시장의 우려를 잠재울 수 있도록 소통에 보다 신경을 써야 한다.

1997년 외환위기로부터 도출된 또 다른 위기 관리의 문제점은 해외 투자자들이 심리적 공황상태에 빠지게 되면 한꺼번에 자산을 매각하고 빠져 나가려고 하기 때문에 정부의 대응이 어렵다는 점이다. 이것은 마치 극장에 불이 났을 때 좁은 문으로 모든 사람이 앞 다투어 도피하는 상황과 유사하다(Kostolany, 2001). 사람들이 극장에 들어올 때는 각자 서로 다른 시간에 천천히 입장하지만, 화재가 발생하면 공포로 인해 한꺼번에 좁은 문으로 탈출하려고 한다. 오히려 불 자체보다 좁은 문에서의 적체 현상 때문에 인명사고가 발생할 가능성이 크다. 금융위기에서도 마찬가지로 공포에 의한 집단 투자 회수 행동이 신용 버블의 뇌관에 충격을 주어 폭발을 유발할 수 있다.

4. 중국의 금융위기 가능성에 관한 진단

2016년 초 전 세계의 주가가 폭락하면서 중국 경제의 성장 둔화와 위기 가능성에 대한 우려가 재확인되었다. 2016년 하반기 이후 중국 경제는 안정화 추세를 보여주고 있다. 그러나 월가의 일부 전문가들은 위기 조짐이 표면에 나타나지 않는다고 하여 위기의 씨앗이 없어진 것은 아니라고 주장한다. 이들은 세계 경기가 하강하거나 미국의 중앙은행이 출구전략을 가속화시키면 중국의 위기는 다시 표면 위로 부상할 것으로 예측한다.

혹자의 우려대로 '과연 중국이 금융위기의 다음 진앙지가 될 것인가?' 아래의 네 가지 질문에 답을 찾는 것이 중국 금융위기 가능성을 진단하는데 첩경이 될 것 같다.

(1) 과연 중국에서도 기존의 금융위기에서처럼 신용 팽창에 의한 투기적 버블이 형성되었는가?
(2) 만약 투기적 버블이 형성되었다면 어디서 어떻게 형성되었는가?
(3) 투기적 버블이 붕괴된다면 어디서 시작해서 어떻게 붕괴될 것인가?
(4) 버블 붕괴 시 부실의 악순환이 어디까지 확대될 것인가?

1) 신용 팽창에 의한 투기적 버블 가능성

우선 중국시장에서도 신용 팽창에 의한 투기적 버블 현상이 발생하였는지 살펴보자. 2008년에 미국에서 발생한 금융위기로 인한 경기침체를 피하기 위해서 중국 정부는 대규모 경기 부양책을 시행하였다. 4조 위안을 투입하여 내수를 부양했고, 그 효과로 인해 중국 경제는 고성장세를 유지할 수 있었다. 이 성장의 기회를 포착하기 위해서 중국 기업들은 자금이 필요하였다. 중국에서는 주식시장과 채권시장 등의 직접금융이 발전하지 못하여, 많은 기업들은 은행이나 그림자 금융을 통해 주요 자금을 조달하였다. 특히, 부동산과 인프라 산업에 투자가 활발하였고, 신용 팽창을 통한 투기적 버블이 확대되었다.

2) 투기적 버블의 온상

중국에서 만약 금융위기가 일어난다면 앞에서 언급한 민스키 모멘트가 어디서 어떻게 일어날 것인가를 파악하는 것이 중요하다. 최근 일부 중국 기업들의 파산으로 인해 은행들이 부실을 떠안고 있지만, 뱅크런의 막대한 폐해를 잘 알고 있는 중국 정부가 은행이 파산하도록 방치할 수는 없을 것이다. 따라서 은행들의 파산이 민스키 모멘트의 시발점이 될 수는 없을 것으로 보인다.

많은 전문가들이 우려하는 것은 투기적 버블의 온상인 그림자 금융 부분이다. 중국의 그림자 금융은 지방정부 보증사채, 신탁상품, 자산관리상품(Wealth Management Products)의 세 가지 형태로 주로 구성되어 있다. 중국에서는 은행 금리가 상대적으로 낮기 때문에 예금자들이 금리가 높은 그림자 금융상품들을 선호하는 것으로 알려져 있다. 따라서 은행에서 대출을 받기 어려운 많은 중국 사기업들은 이자가 더 높은 그림자 금융을 통해 필요한 자금을 조달하였다. 김영익은 일례로 "부동산 개발자들은 자금의 50% 이상을 그림자 금융을 통해 조달한 것으로 알려졌다"고 지적하였다(김영익, 2014).

중국의 그림자 금융 상품들은 고수익 고위험군의 자산에 76% 이상을 투자하고 있기 때문에 리스크가 매우 높은 것으로 알려져 있다. 리카즈는 "중국의 자산관리상품은 2008년 금융위기에 서구 자본시장을 거의 무너뜨릴 뻔 했던 부채담보부증권(CDOs; Collateralized Debt Obligation), 대출채권담보부증권(CLOs; Collateralized Loan Obligation), 주택저당증권(MBSs; Mortgage

Backed Securities)과 유사하다"고 평가하였다. 그리고 "중국에서는 미국의 무능한 신용평가기관이나 SEC가 했던 최소한의 검토조차 하지 않고 자산관리상품을 판매하고 있다"는 점을 지적하였다(Rickards, 2014). 리카즈의 설명에 따르면 이 상품들의 부실화 가능성은 다음과 같다. "금리가 높기 때문에 자산관리상품 투자자들에게 수익금을 배분할 때 사업에서 얻어진 현금만으로는 턱없이 모자란 수준이 되고 만다. 자산관리상품은 단기 상품이지만 투자한 프로젝트는 장기일 때가 많다. 자산관리상품과 투자 프로젝트의 만기가 불일치한 상황에서 투자자가 만기가 된 자산관리상품의 기간을 연장하지 않는다면 수익금과 투자 금액의 상환이 어려워지기 때문에 잠정적으로 위기가 발생할 여지가 있다"(Rickards, 2014).

3) 투기적 버블 붕괴 시나리오

앞서 이론에서 언급된 바와 같이 과도한 신용 팽창에 의해 형성된 투기적 버블은 위기에 취약하다. 중국에서 만약 금융위기가 일어난다면 중국판 민스키 모멘트는 그림자 금융상품에 투자한 채권자 및 투자자들이 심리적 공황상태에 빠져, 갑자기 채무자들에게 집단으로 지급 요청을 하거나 관련 자산시장에서 투매 형태로 발전될 가능성이 크다. 이들이 실제로 집단적으로 자금을 회수할 때 버블이 붕괴될 것이다. 그러나, 중국 정부의 입장에서 급격한 버블 붕괴를 용납할 수는 없을 것이다. 따라서 중국 정부는 이 버블이 한꺼번에 붕괴되는 것을 필사적으로 막으려고 노력할 것이다. 게다가 중국 정부는 이 사태를 방어할 수 있는 다양한 무기를 가지고 있다. 실제로 중국 정부는 한 편에서 문제의 산업 군의 구조조정을 하는 동시에, 다른 한 편에서 인프라 산업의 경기 부양을 통해 이 충격을 완화하려는 시도를 하고 있다.

위에서 언급하였다시피 중국 금융위기의 도화선은 급격한 자금 회수와 자본유출이 될 가능성이 높다. 신흥국 외환위기의 역사를 보면, 신용 팽창에 의한 투기적 버블이 터지는 것은 급격한 자본의 유출에서 시작된 경우가 많다. 급격한 자본 유출은 시장에서 신용경색을 일으키고 일부 한계 기업들을 파산으로 몰고 간다. 이를 방어하려면 정부 입장에서 금리를 낮추고 유동성을 공급해야 하지만, 낮은 금리는 자본 유출을 가속화시킬 수 있기 때문에 오히려 반대로 금리를 인상하는 경우가 많았다. 금리 인상은 레버리지가 이미 높아진 기업, 은행, 가계에 더 큰 고통을 주기 때문에 경제 상황을 악순환으로 이끈다(Krugman, 2009). 외환보유고가 바닥나면 정부 입장에서도 대안이 별로 없어진다는 것이 과거 금융위기 역사에서 배울 수 있는 교훈이었다.

4) 자본 유출 경로

혹자는 '자본 통제를 하고 있는 중국에서 과연 자본 유출이 급격하게 일어날 수 있는가'라는 의문을 가질 것이다. 그렇지만 놀랍게도 2015년에 이미 중국에서의 자본 유출 규모는 거의 1조 달러에 달한 것으로 알려졌다. 만약 이런 속도로 계속해서 자본이 유출된다면 외환보유고가 높은 중국도 견디기 어려워질 수 있다고 전문가들은 우려하고 있다. 갑자기 이렇게 자본유출이 심화된 이유는 무엇일까? 주요 이유 중 하나는 중국이 위안화의 국제화를 추진하기 위해 역외 거래의 규모를 늘렸기 때문이다. 또한, 중국은 한계기업 파산 때문에 은행이 부실화되는 것을 최소화하기 위해 최근 주식시장과 채권시장을 개방하는 노력을 하였다. 자본조달의 통로를 다양화할 경우 은행이 떠안게 될 부실을 줄일 수 있기 때문이다. 하지만, 신용 팽창에 의한 위기의 씨앗이 발아하고 있는 상황에서 위안화를 국제화하고 금융시장을 개방하는 것은 문제를 이전보다 훨씬 더 복잡하게 만들어버린 측면도 있다. 위안화의 국제화와 금융시장 개방으로 인해서 유사시 자본이 중국에서 빠르게 빠져나갈 수 있는 일종의 고속도로가 건설된 것이나 마찬가지이다. 최근 중국 정부는 이 문제를 심각하게 인식하기 시작하였고, 자본 유출 통로를 보다 적극적으로 통제하기 시작하였다.

앞에서 지적한 바와 같이 급격한 자본 유출은 신용경색을 일으키고 한계 기업들을 파산시킬 것이다. 이는 투자자 및 채권자에게 위기감을 부추기고, 더 나아가 투매 및 급격한 자금 회수로 연결되면서 버블이 붕괴될 가능성이 높다. 정리하자면, 만약 중국에서도 급격한 자본유출이 일어난다면 이 자본유출이 투기적 버블 붕괴의 기폭제 역할을 할 가능성이 높다. 기폭제가 터지면 중국판 민스키 모멘트가 발생할 것이고, 실제 엑소더스는 자산관리상품이나 신탁에 돈을 맡긴 투자자들이 자금을 한꺼번에 회수하는 과정에서 일어나게 될 가능성이 높다.

만약 중국에서 버블이 붕괴하게 된다면 부실의 고리는 무엇이며, 이에 따른 피해는 어디까지 확대될 것인가? 이 질문의 답은 앞에서 분석한대로 중국 경제에 있어서도 거래 상대자들 간의 네트워크에서 거대 클러스터가 형성되었는지 여부와 이 네트워크의 구조적 특성에 따라 달라질 수 있다. 과연 중국에서 금융위기가 발생할 경우 리만 사태 때와 같은 폭풍이 전 세계에 몰아칠 것인가? 중국의 금융회사들은 리만과 달리 전 세계에서 거래 상대자를 끌어들일 수 있는 역량이 부족하기 때문에 금융시장에서 금융회사들 간의 거래 경로를 통한 위기 확산은 매우 제한적일 것으로 예상된다. 1997년 외환위기 때와 같은 신흥시장 펀드에 의한 전염 경로도 위기 확산에 미미한 영향을 미칠 것으로 기대한다. 왜냐하면 중국 자산시장에서 외국인 투자자가 차지하는 투자 비중은 낮고, 동시에 중국의 외화표시 부채 비중도 낮은 편이기 때문이다.

오히려 1997년 외환위기와 달리 중국 수요의 위축에 따른 소비, 수입/

수출의 감소와 같은 실물 교역 경로를 통해 위기가 확산될 가능성이 크다. 특히, 그림자 금융의 투자가 집중되었던 산업이 위기 파급의 1차 경로가 될 것이다. 그림자 금융 규모를 정확하게 추산하는 것은 어렵지만 다음의 추산치를 보면 문제의 심각성을 파악할 수 있다. 김영익(2014)의 지적에 따르면 "은행들의 자산관리상품(Wealth Management Product)과 신탁사의 신탁상품이 30.1조 위안으로 그림자 금융의 대부분을 차지한다"고 한다(46쪽). 그는 그림자 금융에 의한 중국 경제에서의 신용 팽창이 최근 연평균 35%씩 증가하고 있다고 하였고, "이런 추세로 간다면 GDP 중에서 그림자 금융의 비중이 2013년 54%에서 2020년에는 210%까지 증가할" 위험이 있음을 지적하였다(48쪽). 리카르드(Rickards, 2014)는 "2007년 자산관리 상품이 700여 개였으나 2013년에는 2만 개 정도로" 추산되며, "2012년 상반기 자산관리상품 시장 규모에 관한 보고서에 따르면 약 2조 달러의 자금이 이 시장으로 새로 유입되었다"고 하였다(157쪽). 이렇게 유입된 자금들이 부동산과 인프라 관련 산업에 투자되었기 때문에 버블 붕괴의 피해는 관련 산업의 이해관계자에만 국한되는 것이 아니고 다수의 그림자 금융상품에 투자한 기업이나 개인들에게도 피해가 전파될 수 있다.

5) 부채 디플레이션 악순환 가능성

미국 대공황 시절 경제위기의 피해가 깊고, 오래 지속되었던 이유는 은행들이 레버리지를 과도하게 사용하였을 뿐만 아니라 가계부채의 수준도 높았기 때문이다. 이들이 일제히 늘어난 부채를 갚아야 했기 때문에 부채 상환을 위해서 소비를 줄였고, 이로 인한 수요 감소로 디플레이션이 일어나며 경제 상황을 악순환으로 몰고 갔던 것이었다. 이것이 앞에서 설명한 피셔의 부채 디플레이션 이론의 핵심 포인트이다. 부채를 갚는 과정에서 악순환이 발생한다는 것이다.

중국에서 금융위기가 발생한다면 이와 같은 악순환이 발생할 수 있을까? 중국 가계부채와 저축률을 보면 이 질문에 대한 답을 추측할 수 있다. 중국 은행들의 가계대출 비중은 전체 대출의 30% 미만이고, GDP의 40% 미만으로 다른 나라와 비교하면 매우 낮은 편에 속한다. 반면 중국의 저축률은 50% 이상으로 매우 높은 편이다. 이 통계치는 중국 가계의 재무 건전성은 매우 높다는 것을 보여준다. 복잡계 이론에서 제시한 바와 같이 위기의 경로에 있는 관련자가 버블 붕괴의 충격을 흡수할 수 있으면 악순환이 최악으로 발전되지는 않을 것이다. 다시 말해서, 중국에서 투기적 버블이 붕괴될 경우에도 자산가치의 하락으로 소비가 위축될 수는 있지만, 재무 건전성이 양호한 중국 가계들이 충격을 흡수할 가능성이 크다. 따라서, 버블 붕괴가 가계부실을 초래하고, 이 부실이 은행에 전가되고, 이것이 다시 경제 상황을 더욱 악화시키는 2차, 3차 악순환으로 연결되지는 않을 것으로 보인다. 그러므로 이를 종합해 본다면 일부의 중국 경착륙 가능성을 주장하는 사람들이 예상하는 것과 같은 최악의 시나리오가 당장 일어나기는 어려울 것이다.

6) 정책적 딜레마

요약하자면 중국에 신용 팽창에 의한 투기적 버블은 이미 존재하며, 이 버블은 정부가 나서서 의도적으로 제거하거나 아니면 시장의 힘에 의해 자생적으로 터질 것이다. 만약 시장에 의해 버블이 붕괴된다면 정부 계획에 의한 버블 제거보다 더 치명적인 피해를 입게 될 것이다. 실제로 중국 정부는 버블을 제거하기 위한 행동에 나섰다.

그렇지만 이러한 버블 제거 노력이 악순환을 초래하는 비선형 다이내믹스를 유발할 수 있다는 점이 문제다. 이것이 바로 중국 위기관리의 애로사항이다. 구조조정을 통해 좀비 기업을 제거하지 않으면 은행 부실이 심화된다. 반면 구조조정을 실행에 옮기면 실업률이 상승하면서 비선형 다이내믹스에 의해 경제상황이 가파르게 악순환의 구도로 바뀔 수 있다. 따라서, 중국 정부는 불가피하게 구조조정을 위한 정책을 펼치면서, 동시에 성장을 유지하는 정책을 병행하고 있다. 하지만 주식시장이 제 기능을 하지 못하기 때문에 기업에 필요한 자금 조달을 부채 확장을 통해서만 할 수 있다는 점이 다시 문제가 된다. 결국 경기 부양책이 신용 팽창을 심화시킬 수 있다. 월가에서는 '신용 팽창이 가속화되면서 더 큰 버블이 만들어 지는 것이 아닌가'에 대해 우려하고 있다. 따라서 중국 정부의 고민은 깊어질 전망이다.

5. 결론

지금까지 금융위기 발생 및 전파 메커니즘을 적용하여 1997년 외환위기, 2008년 금융위기의 본질을 살펴보고, 최근 많은 이들의 관심사이자 논란거리인 중국의 금융위기 가능성에 대해 복잡계 관점에서 진단을 내려 보았다. 신용 팽창으로 형성된 버블은 비선형 다이내믹스를 유발한다. 금융위기 발생 메커니즘과 붕괴 메커니즘은 선순환과 악순환을 일으키는 비선형 다이내믹스이다. 이런 비선형 다이내믹스의 본질을 무시하고 선형적 사고로 접근하면 중대한 실수를 범할 수 있다.

자동차 운전자는 운전하는 도중에 문제가 생겨 급 브레이크를 걸면 차는 갑자기 멈출 수 있다. 반면, 비행기 조종사가 운항 도중 급 브레이크를 걸면 비행기는 균형을 잃고 수직 추락할 수 있다. 신용팽창에 의한 투기적 버블이 형성된 경제의 운용은 자동차 운전보다는 비행기 운항과 유사하다. 따라서, 선형적 사고로 금융위기에 접근하면 치명적인 실책을 범할 수 있다. 이것이 바로 현재 중국 정부의 금융위기 대응에 대한 애로 사항이기도 하다. 구조조정을 통해 좀비 기업을 제거하지 않으면 은행 부실을 심화시킨다. 기업에 대한 구조조정을 하면 그 과정에서 실업자가 늘어나고 경제 상황이 비선형 다이내믹스에 의해 가파르게 악순환 구도로 바뀔 가능성이 있다. 때문에 이러지도 저러지도 못하는 딜레마에 빠지게 만든다.

 복잡계 관점에서 상황을 분석한 결과, 지금 당장 중국 경제가 경착륙을 할 가능성은 낮아 보인다. 하지만, 중국 정부가 신용팽창으로 발생한 위기의 뿌리를 근절하는 노력을 소홀히 한다면 몇 년 내에 금융위기가 발생할 수도 있다. 만약 중국 경제의 경착륙 시나리오가 현실화 된다면 언제 민스키 모멘트가 발생할 것인가를 판단하고, 위기가 어디까지 파급될 것인가를 판단하는 것이 대책을 세우는 데 있어서 관건이 될 것이다. 앞의 분석에서 논의한 것처럼 중국의 투기 버블은 많은 기업의 부채를 동반하고 있기 때문에 관련 부문의 버블이 무너질 때 비선형 다이내믹스의 원리가 작용하며 버블의 붕괴가 급속도로 일어날 수 있다. 하지만, 이 버블의 붕괴는 부채 디플레이션 이론에서 제시하는 것처럼 중국 경제를 미국 대공황과 같은 파국으로 몰고 가지는 않을 것이다. 왜냐하면 가계의 재무건전성이 상대적으로 높기 때문에 대규모 개인 파산에 의한 은행 부실화와 이로 인한 신용경색의 악순환 고리가 현재로서는 존재하지 않기 때문이다. 다시 말해서, 중국 버블 붕괴의 악영향은 버블의 온상인 부동산 및 인프라 부문에 기업 파산을 초래하고 이로 인한 중국 은행의 부실화, 그리고 이 부문의 대규모 실업에 의한 수요 위축 등에 국한될 것이다. 2008년 미국의 금융위기와는 달리 금융시장 경로를 통해 다른 나라에 위기가 전파될 가능성은 매우 희박하다. 중국이 최근까지 자국 금융시장의 문을 닫고 있었고, 리만이나 베어스턴스와 같은 금융 허브 역할을 할 금융사를 육성하지 못하였기 때문에 위기의 파급경로가 발전하지 못했다.

아마도 국내 경제 주체들의 초미의 관심사는 '이런 경착륙이 현실화될 경우 한국 경제에 미칠 영향이 어느 정도 될 것인가'일 것이다. 중국 경제가 경착륙할 경우 1997년과 같은 위기가 한국에도 닥칠 것인가? 당시와 현재의 상황을 비교해 볼 때 한국에도 위기가 전이될 확률은 그리 높지 않다고 본다. 1997년 외환위기 당시 국내 은행들이 외화 표시 부채를 많이 가지고 있었던 것이 문제의 발단이었다. 원화가 급격히 절하되면 은행들이 외화로 갚아야 하는 이자가 급증하기 때문에 이를 방어하기 위해 무리하게 환율 방어를 하다 외환보유액을 소진하였었다.

그 당시와 비교하면 현재 대한민국 경제의 재무건전성은 매우 양호하다. 한국은행의 발표에 따르면 2015년 12월 말 한국의 외환보유액은 3679억 6000만 달러이고, GDP 대비 은행들의 외환 표시 부채의 비중 또한 97년 외환위기 시절에 대비해보면 미미한 수준이다. 금융감독원의 발표에 따르면 2015년 국내은행의 국제결제은행 기준 총자본비율은 12월 말 기준 13.92%로 양호하다. 그리고 해외의 부채보다 자산이 더 많은 순자산국으로 전환되기도 하였다. 더욱이 2015년 경상수지는 1,059.6억 달러 흑자로 사상 처음으로 1,000억 달러를 돌파하였다. 다시 말해서 이런 상황에 비추어 볼 때 중국에 갑작스러운 위기가 닥쳐 위안화가 폭락한다 하여도 극심한 위기가 발생할 이유는 없다. 대중국 수출이 어려워질 수는 있겠지만, 위기를 논할 수준은 아닐 것으로 추정된다.

우리나라도 위기를 겪게 될 것인가에 대한 답을 찾기 위한 가장 중요한 요인은 지난 몇 년간 국내에 투기적 버블이 존재하였는가를 파악하는 것이다. 1997년 외환위기 이전에 국내 재벌기업들은 과도한 부채를 동반하여 문어발식 확장을 하였다. 그러나, 외환위기를 겪고 난 후 재벌기업들의 부채비율은 눈에 띄게 감소하였다. 또한, 한국 부동산시장의 비이성적 과열 현상도 2008년 금융위기 이후 해소되었다. 한국 주식시장은 미국 증시와 달리 지난 5년간 지루한 박스권을 벗어나지 못하고 있다. 어디를 보아도 버블의 징후는 찾기 어려운 상황이다. 이러한 여러 가지 정황들을 종합해보면 외국인의 공포에 의한 자본유출이 우리 경제를 97년 외환위기 때와 같은 위기로 몰고 갈 수 있다는 추측은 지나치게 비관적인 것 같다.

오히려 이러한 과도한 비관론이 경제 주체들을 움츠러들게 하여 경제 활력을 저하시킬 수 있다. 예를 들어 2016년 국내 기업의 평균 실적은 예상을 뒤엎고 증가하였음에도 국내 주식시장은 약세장을 모면하지 못하였다. 경제는 심리에 의해 움직인다는 말이 있다. 케인즈는 이를 야성적 충동이란 용어로 표현하였다(Keynes, 1936). 국내 경제 상황의 강점 및 기회를 부각시켜 경제 참여자들에게 야성적 충동을 불러일으켜 의욕을 북돋는 것이 한국 경제의 활성화와 국가 이익에 훨씬 더 기여를 할 수 있다는 점을 잊지 말아야 할 것이다.

참고문헌

김영익(2014). 〈두 번째 금융위기의 충격과 대응: 3년후 미래〉. 서울: 한스미디어.
Blinder, A. S. (2013). *After the music stopped*. New York, NY: Penguin Books.
Buchanan, M. (2013). *Forecast: What physics, meteorology, and the natural sciences can teach us about economics*. New York, NY: Boomsbury Publishting.
Fisher, I. (1933). The debt-deflation theory of great depressions. Econometrica, 1, 337-357.
Keynes, J. M. (1936). *The general theory of employment, interest, and money*. London: Macmillan Cambridge University Presss.
Kostolany, A. (1995). Kostolanys börsenpsychologie, vorlesungen am kaffeehaustisch. 정진상 (역) (2001). 〈투자는 심리게임이다〉. 서울: 미래의창.

Krugman, P. (2009). *The return of depression economics and the crisis of 2008*. New York, NY: W. W. Norton & Company.

Krugman, P. (2013). *End this depression now!* New York, NY: W. W. Norton & Company.

Lee, D., Kim, J. Y., Lee, J., & Kahng, B. (2015). Forest-fire model as a supercritical dynamic model in financial systems. *Physical Review E, 91(2)*, 022806.

Minsky, H. P. (1982). *Can "it" happen again?: Essays on instability and finance*. New York, NY: M.E Sharpe, Inc.

Rickards, J. (2014). The death of money: The coming collapse of the international monetary system. 최지희 (역) (2015). 〈화폐의 몰락: 국제통화시스템의 붕괴가 임박하다!〉. 서울: 율리시즈.

Roubini, N. & Mihm, S. (2010). *Crisis economics: A crash course in the future of finance*. New York, NY: Penguin Books.

Shiller, R. J. (2003). From efficient markets theory to behavioral finance. *Journal of Economic Perspectives, 17*, 83-104.

Shiller, R. J. (2005). *Irrational exuberance*. New York, NY: Broadway Books.

Stiglitz, J. E. (2010). *Freefall: America, free markets, and the sinking of the world economy*. New York, NY: W. W. Norton & Company.

■ 저자 약력

황용석: 건국대학교 미디어커뮤니케이션학과 교수이다. 성균관대학교 대학원에서 방송학 전공으로 박사학위를 받았으며, 사이버커뮤니케이션학보 편집위원장(현), 경쟁상황평가위원(현), 인터넷자율정책기구 정책위원(현), 언론중재위원(현), 미디어다양성위원(전) 등을 맡았다. 주요 연구 분야는 디지털커뮤니케이션, 소통 플랫폼, 연결 사회 등이다.

박선주: 연세대학교 경영학과 교수이다. 서울대학교와 동대학원에서 컴퓨터공학을 전공하고 University of Michigan에서 컴퓨터공학으로 박사학위를 받았다. 주요 연구 분야는 온라인 사회연결망, 스마트그리드, 멀티에이전트 시스템, 인공지능, 경영과학기술의 응용 등이다.

김양은: 건국대학교 미디어커뮤니케이션학과 KU커뮤니케이션 연구소 연구교수이다. 중앙대학교 대학원에서 미디어교육을 연구하고 박사학위를 받았다. 주요 연구 분야는 미디어 리터러시, 청소년 문화, 미디어 콘텐츠, 소셜 미디어 리터러시 등이다.

박연진: 현 한국전자통신연구원 연구원이다. 서울대학교 경영대학원에서 경영학을 전공하고, 국제경영/전략 전공으로 박사학위를 받았다. 주요 연구 분야는 다국적 기업의 지식 습득 및 해외 진출, 글로벌 경쟁전략이다.

박태준: 연세대학교 박사 과정에 재학 중이다. 중앙대학교에서 국제물류학을 전공하고, 연세대학교에서 경영학 석사 학위를 받았다. 현재 Operation Research 전공으로 박사 과정을 이수 중이다.

변상호 : 인천대학교 기초교육원 교수(미디어 담당)이다. 성균관대학교에서 커뮤니케이션 심리학 전공으로 박사학위를 받았다. 주요 연구 분야는 설득커뮤니케이션, 경제심리학 등이다.

신동희 : 중앙대학교 미디어커뮤니케이션학부 교수이다. Syracuse University에서 텔레커뮤니케이션 전공으로 박사학위를 받았다. 주요 연구 분야는 인간-컴퓨터 상호작용, 정보통신정책, 스마트 콘텐츠 분야의 융합 연구 등이다.

유건식 : 연세대학교 석사 과정에 재학 중이다. 경영학과 연세대학교에서 경영학과 컴퓨터과학을 전공하였다. 현재 Operation Research 전공으로 석사 과정을 이수 중이다.

이승용 : 연세대학교와 상명대학교에서 창업론을 주로 강의하고 있다. 연세대학교에서 경영학 박사과정을 수료하였다. 주요 연구 분야는 주로 소셜 미디어, 최적화, 벤처창업 등이다.

이제호 : 서울대학교 경영대학 교수로서 University of Pennsylvania Wharton School에서 박사 학위를 받았다. 주요 연구 분야는 혁신, 네트워크 효과, 금융위기, 승자독식현상 등이다.

정성은 : 성균관대학교 신문방송학과 교수이다. University of Maryland 에서 설득커뮤니케이션 전공으로 박사학위를 받았다. 주요 연구 분야는 설득커뮤니케이션, 미디어 심리 등이다.

정승화 : 연세대학교 경영대학의 매니지먼트 전공 교수이다. 미국 예일대학교에서 조직행동 석사 학위, 그리고 펜실비니아대학교의 워튼 스쿨에서 경영학 박사 학위를 취득하였다. 주요 연구 분야는 조직 이론, 벤처 경영, 그리고 초연결 사회에서의 시장과 시민 사회 간의 상호 연동성 등이다

정예림 : Universite-de Paris 1 – Pantheon Sorbonne에서 응용수학/컴퓨터과학 전공으로 박사학위를 취득했으며, 연세대학교 경영대학의 경영과학 분과 조교수로 재직 중이다. 주요 연구 분야는 물류 네트워크, 기술 혁신, Social Interaction 등이다.

최재원 : 순천향대학교 글로벌경영대학 경영학과 조교수이다. 가톨릭대학교에서 경영학을 전공하고, 경영학 박사를 취득하였으며, 연세대학교 정보대학원에서 연구교수 및 KAIST경영대학에서 연수연구원으로 근무하였다. 주요 연구 분야는 Web Personalization, Knowledge Sharing, Digital Marketing, Big data & Social Network Analysis 등이다.

표나성 : 연세대학교 전임연구원이다. 연세대학교에서 경영학 박사학위를 받았다. 주요 연구 분야는 조직 이론, 기업 사회 공헌, 소셜미디어 등이다.

초판 인쇄	2017년 6월 27일
초판발행	2017년 6월 30일
편 저 자	황용석, 박선주, 김양은, 박연진, 박태준 변상호, 신동희, 유건식, 이승용, 이제호 정성은, 정승화, 정예림, 최재원, 표나성
발 행 인	권 호 순
발 행 처	시간의물레
등 록	2004년 6월 5일
등록번호	제1-3148호
주 소	서울시 마포구 마포대로 4다길 3(1층)
전 화	02-3273-3867
팩 스	02-3273-3868
전자우편	timeofr@naver.com
블 로 그	http://blog.naver.com/mulretime
홈페이지	http://www.mulretime.com
I S B N	978-89-6511-185-6 (93300)
정 가	15,000원

* 이 책의 저작권은 저자에게 출판권은 시간의물레에 있습니다.
* 잘못된 책은 바꿔드립니다.

부고의 사회학

訃告

이완수

시간의물레

ISBN 978-89-6511-177-1 / 이완수 / 신국판 / 20,000원

인사청문회
성공과 실패 그리고 정치

김 범 진

ISBN 978-89-6511-184-9 / 김범진 / 신국판 / 20,000원

ISBN 978-89-6511-175-7 / 김의수 / 사륙판 / 13,000원

연결사회에서의
소통과 공유

황용석, 박선주
김양은, 신동희, 이제호, 정성은
정승화, 정예림, 최재원, 표나성

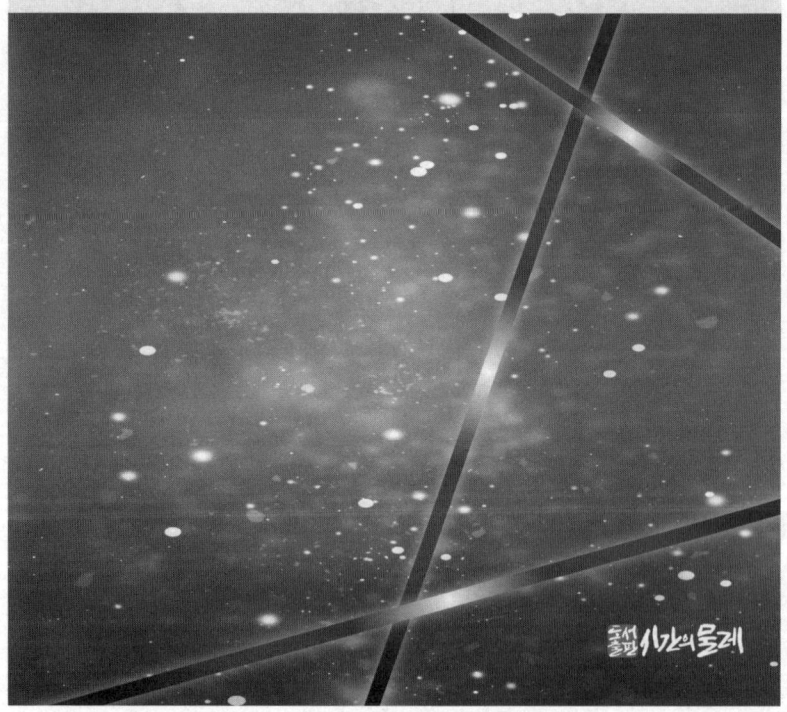

ISBN 978-89-6511-185-6 / 황용석·박선주 외 / 신국판 / 20,000원